Velhice

CIP-BRASIL. CATALOGAÇÃO NA PUBLICAÇÃO
SINDICATO NACIONAL DOS EDITORES DE LIVROS, RJ

A146v

Abreu, Maria Celia de
 Velhice : uma nova paisagem / Maria Celia de Abreu. – São Paulo : Ágora, 2017.
 200 p. : il.

Inclui bibliografia
ISBN 978-85-7183-199-5

1. Velhice – Aspectos sociais. 2. Envelhecimento – Aspectos sociais. 3. Idosos – Psicologia. I. Título.

16-38171
CDD: 305.26
CDU: 316.346.32-053.9

www.editoraagora.com.br

Compre em lugar de fotocopiar.
Cada real que você dá por um livro recompensa seus autores
e os convida a produzir mais sobre o tema;
incentiva seus editores a encomendar, traduzir e publicar
outras obras sobre o assunto;
e paga aos livreiros por estocar e levar até você livros
para a sua informação e o seu entretenimento.
Cada real que você dá pela fotocópia não autorizada de um livro
financia o crime
e ajuda a matar a produção intelectual de seu país.

Velhice

Uma nova paisagem

Maria Celia de Abreu

Editora
ÁGORA

VELHICE
Uma nova paisagem

Copyright © 2017 by Maria Celia de Abreu
Direitos desta edição reservados por Summus Editorial

Editora executiva: **Soraia Bini Cury**
Assistente editorial: **Michelle Neris**
Projeto gráfico: **Crayon Editorial**
Capa e diagramação: **Santana**
Imagem de capa: **Maurício Moraes**
Impressão: **Sumago Gráfica Editorial**

Editora Ágora
Departamento editorial
Rua Itapicuru, 613 – 7º andar
05006-000 – São Paulo – SP
Fone: (11) 3872-3322
Fax: (11) 3872-7476
http://www.editoraagora.com.br
e-mail: agora@editoraagora.com.br

Atendimento ao consumidor
Summus Editorial
Fone: (11) 3865-9890

Vendas por atacado
Fone: (11) 3873-8638
Fax: (11) 3872-7476
e-mail: vendas@summus.com.br

Impresso no Brasil

Aos meus mestres,
Joel Martins e
Flávio Gikovate,
que já esgotaram as paisagens de suas estradas,

e à minha filha,
Juliana Baratto,
que ainda tem muitas paisagens a percorrer.

SUMÁRIO

PREFÁCIO
O FIM DO COMEÇO... 11

1. SENTIMENTOS, VALORES E DADOS
ESTATÍSTICOS 15
Por que escrever sobre velhos? 15
Por que começar este livro falando em
sentimentos e valores? 19
Sugestão 21
Por que reformular sentimentos e valores
em relação ao velho? 23
Sugestão 30

2. CONCEITUAÇÃO 37
Idade cronológica e envelhecimento 37
Sugestão 42

Uma imagem para ressignificar o envelhecimento .. 44
Sugestão 51

3. A CONTRIBUIÇÃO DA PSICOLOGIA
DO DESENVOLVIMENTO 53
Um pouco de história 53
A proposta de Erik Erikson 56
Sugestão 64

4. PERDAS E LUTO 65
Perdas: conceito e ressignificação 65
Acontecimentos percebidos como perda 72
Sugestão 80
O luto 89
Facilitadores para aceitar perdas 94
Duas sugestões 101

5. DEPRESSÃO 111
Incidência 112
O que é e o que a causa 115
Tipos 118
Sugestão 125

6. O CORPO VELHO 129
Considerações sobre o corpo envelhecido 129
Um exemplo eloquente: a moda 137

Medidas que favorecem o bom envelhecimento
do corpo 140
Sugestões 145

7. A SEXUALIDADE NA VELHICE 149
   O tabu 149
   A falta de informação 150
   Quantidade *versus* qualidade 152
   Sem erotismo? 154
   Velhinho fofinho 156
   Sensualidade é mais que sexo 157
   Sugestão 159

8. MEMÓRIA 163
   Introdução 163
   Como a memória funciona 168
   Inter-relacionamentos 174
   Diferenças individuais 179
   Sugestões 180

9. FECHAMENTO 185

REFERÊNCIAS 191

PREFÁCIO
O FIM DO COMEÇO...

MARIO SERGIO CORTELLA

"Muitas vezes a juventude é repreendida por acreditar que o mundo começa com ela. Mas a velhice acredita ainda mais frequentemente que o mundo termina com ela. O que é pior?"

FRIEDRICH HEBBEL, *Diários*

Quando criança, bem longe do começo da preocupação com a minha própria velhice, sempre ficava perturbado pelo refrão do nosso Hino à Bandeira, por nós na escola cantado em mal uníssono todas as sextas-feiras antes do início das aulas. Afinal, a letra de autoria do nosso especial Olavo Bilac trazia pelo menos duas ambiguidades semânticas que poderiam, como toda verdadeira ambiguidade (tal qual o termo velhice!), ter dupla interpretação...

Lembra ainda? "Recebe o afeto que se encerra / em nosso peito juvenil". Ficava eu agoniado com a possibilidade de o poeta usar o verbo encerrar como concluir ou finalizar, em vez de ser compreendido como recolher ou guardar; também achava meio estranho que o hino mencionasse somente o peito "juvenil," no lugar de também incluir pessoas que não fossem somente da mocidade.

Claro que depois, ao estudar melhor, aprendi que a intenção de Bilac era um afeto que estava contido no peito de uma jovem república (o hino é de 1906), o que não me acalmou tanto assim, até ler, com gosto e alegria, este livro da Maria Celia!

Quando ela, logo no primeiro capítulo, nos explica por que é preciso "começar falando em sentimentos e valores em relação ao velho", isto é, falando dos afetos (do que nos afeta, bem ou mal, nos toca, nos atinge, nos oferta sentidos), fiquei mais sereno.

Velhice

Quando ela, a partir daí, vai escavando conosco as múltiplas camadas que precisam ser lapidadas e reformuladas sobre os muitos afetos que não se encerram (nossas perdas e lutos, nossas depressões e tristezas, nossos corpos e sensações, nossas sexualidades e erotismos, nossas memórias e histórias), vão ficando mais nítidas as paisagens que Maria Celia, com usual perícia, sugere que possamos procurar.

Quando ela, durante todo o livro, faz sugestões, sem nos impor receitas nem admoestações (dar um pito, dizemos os mais antigos), é a mesma (e renovada) Maria Celia que conheço faz mais de 40 anos, por termos partilhado docências e projetos acadêmicos nos quais ela, desde aquela época, sabia estimular a reflexão e instigar a ação, de modo manso e firme, sem nos deixar com um mau incômodo.

Mau incômodo? Ora, existe bom incômodo? Claro; é aquele que encontramos neste livro, ao nos desacomodar, nos tirar um pouco do aposento, nos "desaposentar", fazer sair de possíveis enclausuramentos em busca de nova paisagem!

Maria Celia de Abreu

É por isso que o ensinamento central de Maria Celia serve bastante para quem pela Vida não quer "encerrar o afeto" e, menos ainda, desprezar o afeto que por nós a Vida tem.

O melhor, depois de lê-lo, é retomar a sabedoria contida na frase que mais admiro de Winston Churchill, que morreu com 90 anos (Nobel de Literatura em 1953, quando beirava os 80), incansável no afeto pela Vida.

Ao referir-se aos primeiros sucessos britânicos contra os inimigos que os fustigavam de forma inclemente na Segunda Grande Guerra, esforço de resistência por ele conduzido como primeiro-ministro (com a idade de 70 anos!), advertiu e estimulou: "Isso não é o fim. Isso não é nem o começo do fim. Mas talvez seja o fim do começo".

Querer, com longa idade e com esperança ativa, vislumbrar uma nova paisagem já é o fim do começo...

1. SENTIMENTOS, VALORES E DADOS ESTATÍSTICOS

POR QUE ESCREVER SOBRE VELHOS?

Atualmente, há uma vasta literatura para quem deseja entender as várias fases de desenvolvimento da criança e do adolescente. A todo momento surgem cursos para que as futuras mães aprendam a lidar com recém-nascidos. Em escolas, igrejas e clínicas formam-se grupos para receber informações de profissionais especializados e para compartilhar experiências e apoio – grupos esses frequentados por pais ou pelos próprios interessados, em geral da pré-adolescência em diante. Em tempos de progressos cibernéticos, há mães que não se conhecem pessoalmente, mas, por meio de aplicativos como o WhatsApp, formam comunidades para trocar experiências sobre a educação dos filhos. E assim por diante.

Porém, o que existe em relação ao velho? Minhas informações se circunscrevem ao território onde vivo e trabalho, ou seja, a cidade de São Paulo e proximidades; por aqui, já entrei em contato com diversas escolas de aprendizagem continuada, anexadas a universidades, públicas e privadas, que favorecem o participante idoso. Cursos de informática desenvolvem metodologia especial para "alfabetizar" o velho no intrincado mundo virtual.

Iniciativas privadas dedicam-se a portadores de determinadas patologias, como a Associação Brasil Parkinson – que oferece interessantes atividades para o portador do mal de Parkinson – e a Associação Brasileira de Alzheimer – que apoia o familiar e o cuidador (ambas com sede em São Paulo). Centros-dia, mantidos pelo poder público e por empresas privadas, estão se multiplicando; a maioria deles oferece ocupações lúdicas que estimulam a cognição, a memória, o movimento, o equilíbrio e a coordenação motora. Moradias de longa permanência proporcionam a seus internos atividades semelhantes às dos centros-dia.

A empresa que coordeno, o Instituto para o Desenvolvimento Educacional, Artístico e Científico (Ideac), promove cursos e atividades que auxiliam o velho, em pequenos grupos informais e cordiais, a refletir sobre o que lhe está acontecendo, meditar, dançar, dar atenção a partes do corpo que podem estar prejudicadas pela passagem do tempo, estimular a memória e a criatividade, desbravar a tecnologia das câmeras digitais e dos computadores.

No âmbito sociopolítico, o velho começa a ter alguma representação e alguma voz, como testemunha a criação dos Conselhos Nacional, Estadual e Municipal do Idoso.

Esse rol de exemplos não esgota o que já existe. Colocado assim, parece bastante, mas na verdade as iniciativas são poucas, recentes e numericamente insuficientes. Porém, o importante é que um movimento para compreender e valorizar o velho vem progredindo e ocupando espaço. Como parte desse movimento, surge este livro – sobre velhos e para velhos.

> "A primeira grande emoção que ficar mais idoso me causou foi pensar se, de fato, eu tinha vivenciado com exuberância aquilo que o Barão de Itararé advertia: a única coisa que você leva da vida é a vida que você leva! Percebi que em alguns momentos anteriores essa advertência foi secundarizada, mas que, na maioria deles, a vibração por participar desse mistério, Vida, persistia me encantando. A segunda grande emoção continua comigo e é a certeza de que sempre terei tempo de me impregnar com a inspiração de Manoel de Barros – quando, perto dos 100 anos, dizia que não estava indo em direção ao fim e sim em direção às origens."
>
> **Mario Sergio Cortella**
> *Filósofo, escritor, educador,*
> *palestrante e professor*

Velhice

POR QUE COMEÇAR ESTE LIVRO FALANDO EM SENTIMENTOS E VALORES?

Se perguntarmos a algumas pessoas o que determina suas ações e decisões, e o que define sua identidade, as respostas que costumam aparecer de imediato são: os conhecimentos, tudo aquilo que sabemos, todas as informações que já nos atingiram e conseguimos processar. Porém, há dois outros elementos tão ou mais importantes que a *cognição*, embora não se destaquem tanto numa primeira abordagem: os *valores*, ou seja, aquilo que acreditamos que é importante, bom e correto; e os *sentimentos ou emoções*. Vale lembrar que não necessariamente esses três componentes estão em harmonia: posso saber que algo é ruim, mas sentir o oposto por ele; posso valorizar uma coisa mesmo dispondo da informação de que ela não tem valor, e assim por diante.

Exemplificando. Tenho a informação de que um adulto velho e um adulto jovem são igualmente importantes em uma organização social.

Maria Celia de Abreu

Em consonância com isso, posso valorizar a presença do idoso na minha empresa, mas também ter sentimentos fortes de repulsa, desprezo e desvalorização em relação ao velho. Qual será o meu comportamento quando defrontado com um funcionário velho? Que fator vai "mandar" mais em mim?

> "Talvez a primeira emoção da velhice seja quando começamos a nos questionar de forma mais profunda e decidimos "falar concretamente" sobre o que queremos, o que somos, o que podemos e o que fazemos. E, sobretudo, a respeito do que queremos deixar. Em outras palavras, quando concluímos sobre o que vale ou não a pena. Coisas antes tão importantes se apequenam. Coisas que sempre deixamos para lá ou para depois retornam imperiosas. É a chance de sair das convenções. De viver outras experiências, outras emoções, outras aventuras. Não se trata de outra vida, mas de uma vida mais completa."
>
> Jorge Félix
> *Jornalista, escritor e professor universitário*

Velhice

Há uma boa probabilidade de que sejam os meus sentimentos, que contrariam meus valores e minhas informações. Como diz a sabedoria popular, na prática a teoria é outra.

SUGESTÃO

Convido o leitor a fazer um pequeno exercício. Concentre-se, respire, feche os olhos e imagine diante de si um velho, uma velha ou alguns velhos ou velhas – como quiser. Não precisa ser uma pessoa conhecida, mas alguém que simbolize o velho.

Com o máximo de liberdade e de honestidade, uma vez que esse exercício é só seu, busque no fundo de si os sentimentos que tal imagem lhe desperta.

Talvez você custe um pouco para fazer essa identificação, mas não desanime; tente um pouco mais.

O exercício fica mais fácil se for feito por escrito: rascunhe uma lista de sentimentos, sem procurar organizá-los e, sobretudo, sem censurar o que lhe vier à cabeça. Descreva a si mesmo:

- Como essa imagem aparece?
- Como o seu velho ou sua velha está vestido(a)?
- O que está fazendo?
- Que cores aparecem na imagem que você criou?
- O personagem tem algum cheiro?
- O que você sentirá se tocar tal personagem? É uma pessoa quentinha ou gelada, macia ou áspera?
- Essa imagem lhe é agradável, desagradável ou indiferente?
- Você gostaria de se aproximar ou de se afastar dela?
- Sente por ela repulsa, asco, desinteresse, indiferença, carinho, admiração, dó, vontade de conversar, acha que é ridículo? Que mais?

São essas as instruções para a primeira parte do exercício. Agora, tome um tempo para fazê-lo. Não se apresse nessa brincadeira; procure ir descobrindo em você mais e mais sentimentos que aparecem diante do velho. Esta atividade vale para

Velhice

pessoas de qualquer idade, inclusive para os velhos. Quando achar que esgotou sua lista de sentimentos, retome este texto.

Relembrando que os sentimentos, entre outros ingredientes, determinam como você se comporta, agora você pode dividi-los em "positivos" e "negativos", o que embasará sua reflexão. Usando seu arsenal de cognições e valores previamente formados sobre velhos, talvez você se surpreenda com o resultado da classificação de sentimentos; mesmo que não seja uma surpresa, é sempre um instrumento para se conhecer melhor. Em resumo, talvez você queira rever seus sentimentos. Ou seus valores. Ou talvez ache que lhe faltam informações sobre a velhice (continuar a ler este livro é um início para sanar essa lacuna).

POR QUE REFORMULAR SENTIMENTOS E VALORES EM RELAÇÃO AO VELHO?

Pode ser que seus sentimentos não estejam alinhados com seus valores ou com sua cognição. Se estiverem em harmonia, seus comportamentos e suas decisões serão mais coerentes, mais consistentes e mais fáceis. Se estiverem em desacordo, talvez você assuma comportamentos dos quais depois vai se arrepender – comportamentos que nem você entende por que surgiram –, tornando suas decisões demoradas e hesitantes.

A velhice é um fenômeno ao qual não se pode ficar alheio, e isso vale para você como indivíduo e como cidadão. Do ponto de vista pessoal, há uma grande probabilidade de que sua vida se prolongue velhice adentro. Do ponto de vista de sua interação com outros, a população de velhos está aumentando tanto, no Brasil e no mundo, que será impossível não interagir com ela. Quem vai morar nas casas que você projeta, mobiliadas pelos utensílios que você inventa, usar as roupas e os acessórios que você cria, fazer os passeios que você indica, movimentar os restaurantes que você administra, preencher os hospitais onde você trabalha, consumir arte, cultura, lazer, serviços, cosméticos, medicamentos etc. é em grande parte o velho. Tanto porque ele numericamente cresce de forma exponencial como porque pode ter certa liberdade financeira que lhe permita consumir.

Textos e palestras sobre envelhecimento costumam citar dados numéricos, e não farei diferente, embora sem entrar em detalhes. Meu objetivo é apenas comprovar as afirmações do parágrafo anterior. Esses números impressionantes baseiam-se em censos do Instituto Brasileiro de Geografia e Estatística (IBGE), que conceitua como velho o cidadão com mais de 60 anos.

Arredondando-se as estimativas, na década de 1980 os idosos compunham 6% da população brasileira, sendo 12% na segunda década do século 21. Projeta-se que na década de 2040 serão cerca de 30% – um crescimento bastante rápido.

Analisando de outra forma, temos as seguintes estatísticas:

- **1960** – 4,7% da população era composta de idosos, ou seja, 3,3 milhões de pessoas,
- **2000** – 8,5% da população era composta de idosos, ou seja, 14,5 milhões de pessoas.

- **2010** – 10,8% da população era composta de idosos, ou seja, 20,5 milhões de pessoas.

Em 1996, o Brasil tinha 16 idosos para cada 100 crianças. Em 2000, eram 30. É certo que nas próximas décadas essa proporção não será invertida. E mais: entre 1960 e 2010, a população geral do Brasil cresceu 170%, enquanto o número de idosos aumentou 521%.

A expectativa de vida no Brasil e no mundo tem crescido consideravelmente, graças aos progressos da medicina e da tecnologia, como nos informam os livros, cursos, palestras, reportagens, programas de tevê. A "Tábua Completa da Mortalidade 2014", do IBGE, mostra que a expectativa de vida dos brasileiros gira em torno de 75,2 anos. As mulheres vivem em média 78,8 anos; os homens, 71,6.

A título de comparação, em Guiné, na Mauritânia e em Níger a expectativa de vida é inferior a 50 anos, enquanto na Noruega e na Suécia é superior a 80. Porém, até mesmo as expectativas mais

Velhice

"Não sei se a velhice é o território das emoções. Muitos hormônios simplesmente desaparecem e, com eles, vão-se calores e temores que na juventude mais parecem vulcões em erupção. As surpresas também diminuem, levando parte da adrenalina que nos move quando o mundo parece um território desconhecido, ameaçador e desafiador. Mas não pense que tudo é paz, serenidade e aborrecimento na velhice. Apreciamos pequenos momentos, constatamos que não há felicidade eterna e, felizmente, assim espero, condenação definitiva. Família, trabalho e relações pessoais seguem oferecendo-nos emoções boas e ruins, duradouras ou momentâneas, grandes e pequenas. Entre as novidades, está a possibilidade de prever muito do que antes parecia uma sucessão de descobertas. Mas a principal descoberta é saber que não adianta prever quase nada. O importante, dizia um velho amigo que já se foi, não é ganhar a luta, é saber beijar a lona. Pois o que a velhice ensina também é que jamais saberemos quando virá o ponto-final."

Paulo Markun
Jornalista e escritor

altas ainda podem ser superadas: estudiosos afirmam que o corpo humano foi biologicamente programado para viver até um limite de cerca de 120 anos, desde que em condições ideais.

Tais estatísticas são eloquentes e justificam o interesse cada vez maior pelo velho. Como objeto de estudo das ciências, a teoria e a pesquisa compõem uma área recente: ainda há muito que conhecer e compreender sobre o velho e o processo do envelhecimento.

No ano de 2015, o Instituto Brasileiro de Opinião e Estatística (Ibope) ampliou para 14 o número de faixas etárias pesquisadas para o mapeamento da audiência de TV, a saber: 4-7; 8-11; 12-14; 15-17; 18-21; 22-24; 25-29 anos etc.[1] Ou seja, a cada dois, três ou quatro anos define-se uma nova faixa etária – provavelmente para atender aos interesses, motivações e comportamentos de consumo que se modificam de uma idade para outra. Porém, para os

---

1. Disponível em: <http://cultura.estadao.com.br/noticias/geral,-record-tem-47-da-globo-na-faixa-nobre-imp-,1680558>. Acesso em: 30 set. 2016.

que têm mais de 50 anos, a discriminação é feita em apenas duas faixas: 50-59 e 60 ou mais.

Ora, é impossível que pessoas com mais de 50 anos não tenham diferenciações de motivação e de comportamento de consumo; como veremos mais adiante, quanto mais velho o grupo de pessoas, maiores as diferenças individuais. Há uma grande lacuna no conhecimento do comportamento de consumo do velho. Valores e sentimentos negativos em relação a ele, além de uma pressuposta baixa demanda deste por consumo, devem estar na origem desse desinteresse.

Portanto, um alerta: jovem, é muito provável que você fique velho; é muito provável também que você trabalhe com velhos ou para velhos. Convém repensar seus sentimentos em relação ao velho e à velhice, bem como os valores atribuídos a eles. É preciso se informar sobre esse segmento da população ainda tão desconhecido. Os preconceitos e falácias a respeito da velhice dominam igualmente crianças, jovens, maduros e velhos – sim, eles próprios têm preconceitos a respeito dessa fase da vida!

SUGESTÃO

Não gosto de levantar problemas sem ao menos propor soluções. Por isso, ao longo deste livro, faço sugestões ao leitor – que pode ignorá-las, acatá-las ou ir em busca de outras, que por certo existem. Dirijo-me aqui aos jovens dispostos a enriquecer com as experiências dos velhos e também aos velhos que desejam alargar sua visão sobre a infância e a juventude – bem como a pesquisadores que procuram definir uma problemática em gerontologia. Essa sugestão ajuda na reformulação de cognições, valores e sentimentos: é a convivência intergeracional.

Quando não gostamos de algo, quase sempre é porque não o conhecemos o bastante. Não gosto de espetáculos musicais, mas desconheço suas origens, sua história, seus pontos fortes, sua função na sociedade; não gosto de física, ou de estatística, ou de geografia, mas meus conhecimentos sobre essas áreas são extremamente superficiais; não gosto de animais de estimação, mas nunca convivi com nem cuidei de um.

Velhice

O leitor provavelmente já entendeu aonde quero chegar. Se fez o exercício de reflexão que propus nas primeiras páginas deste livro, pode ter concluído: não gosto de velhos. Agora, sugiro que também indague a si mesmo: o que conheço sobre velhos? Até que ponto convivo com eles? Minhas experiências com velhos são diversificadas ou se limitam a um único idoso, talvez um avô?

A situação em que com mais frequência ocorre a interação entre gerações é aquela em que avós convivem com netos, mas existem outras: uma sala de aula de universidade com a maioria dos alunos saída da adolescência, mas também com uns poucos que voltaram a estudar depois de maduros; determinado horário na academia de ginástica em que predominam idosos, orientados por *personal trainers* muito jovens; uma escola de música procurada tanto por idosos como por jovens, cujos professores são de todas as idades e se irmanam no interesse comum pela arte. Existem ainda organizações – como igrejas – que criam atividades conjuntas para crianças e idosos, cientes de que esse convívio pode ser muito enriquecedor para ambos. Fora do Brasil –, em Portugal por exemplo –, há moradias de idosos que funcionam também como creches infantis, sendo os resultados muito positivos.

Alguns excelentes filmes dos últimos dez ou 15 anos enveredam por esse caminho de explorar a convivência de pessoas de idades diversas. Há os que se pautam por enredos amorosos entre jovens e velhos, como o clássico *Ensina-me a viver*, de Hal Ashby, e o delicado *O violinista que veio do mar*, de Charles Dance, e também os que escapam desse chavão, apresentando outros temas presentes na convivência entre jovens e velhos. Alguns belos filmes abordam as complicações da relação pais velhos/filhos adultos e a necessidade de reestruturação da organização familiar quando seus chefes se tornam velhos – como *Viagem a Tóquio*, de Yasujiro Ozu; *O filho da noiva*, de Juan José Campanella; *Tia Danielle*, de Étienne Chatiliez; *Em família*, de Paulo Porto, e *A guerra dos Rocha*, de Jorge Fernando. Outros falam de jovens que se encantam com a sabedoria de velhos: *Minhas tardes com Marguerite*, de

Jean Becker; *Almoço em agosto*, de Gianni Di Gregorio; *Cartas para Julieta*, de Gary Winick, e *Colcha de retalhos*, de Jocelyn Moorhouse. O papel profissional do idoso perante os colegas de trabalho jovens aparece em *Um senhor estagiário*, de Nancy Meyers. A morte é encarada de modo diferente por pessoas de gerações diversas na película *A balada de Narayama*, de Shohei Imamura. Já a riqueza de inesperadas amizades formadas entre jovens e velhos é mostrada em *Gran Torino*, de Clint Eastwood, e *Hanami – Cerejeiras em flor*, de Doris Dörrie – entre outros exemplos.

Em situações de convivência intergeracional, o sentimento de isolamento ou solidão tende a se apaziguar; como se estabelece uma comunicação espontânea permeada de valores e emoções, sem julgamentos mútuos, abre-se ocasião para partilhar sentimentos e ideias e para estabelecer uma cooperação saudável. Normalmente, os mais velhos fazem o papel de "memória" social, aculturando os mais jovens nos usos e costumes da sua comunidade ou família, o que lhes dá a inestimável segurança do sentimento de pertencer, de ter raízes. O jovem é levado a conhecer, compreender e respeitar o passado de sua cultura ou família; o idoso, a entender as peculiaridades da infância ou da juventude de hoje, o que o obriga a ser flexível e a viver no presente. Os mais novos aprendem que os

> "Não posso mentir: é assustador. Lembro que ontem, aos 20 anos, eu achava que uma pessoa de 32 fosse alguém bem mais velho, com obrigação de ser bem-sucedido, resolvido, seguro e feliz. Sendo ator, vejo personagens que já não poderei mais interpretar, os primeiros fios de cabelos brancos e as consequências das noitadas que antes não me abalavam. Porém, convivendo com minha mãe e com minha avó, percebo que as prioridades mudam de prateleira. O tempo começa a passar mais rápido e a importância de tudo fica mais clara. Deve ser isso a maturidade. E a sensação, nesse caso, é de alívio."
>
> Marcelo Médici
> *Ator*

Velhice

mais velhos podem precisar de ajuda para algumas tarefas, mas não todas, não havendo necessidade de infantilizá-los. Cada um é valorizado por aquilo com que melhor pode contribuir para uma tarefa, sempre com base na divisão de responsabilidades. Na prática de uma convivência respeitosa, aprende-se que cada um dos participantes, tenha as características que tiver, tem seu lugar assegurado.

Nossa sociedade, pautada por uma economia capitalista que valoriza o consumismo, privilegia o adulto jovem porque ele é produtivo. Porém, não se pode esquecer de que chegar a ser idoso é um fato muito significativo no decorrer de uma vida; assim, para a criança e para o jovem, a figura do idoso deveria ocupar um espaço igualmente significativo. É importante reconhecer que o velho tem valor social. Criar oportunidades de convivência intergeracional prepara um futuro em que discriminação e exclusão social não terão lugar.

2. CONCEITUAÇÃO

IDADE CRONOLÓGICA E ENVELHECIMENTO

Agora que você já conhece seus sentimentos em relação ao velho, e talvez tenha refletido sobre seus valores referentes ao velho e à velhice – e até sobre quanto você convive com pessoas de faixas etárias diferentes da sua –, vamos conversar sobre o que é a velhice e quem é o velho.

O percurso de vida do ser humano tem um início e um fim; o conceito de tempo transcorrido se liga intimamente ao conceito da duração da existência. Costumamos dividir esse percurso em fases, porque o raciocínio humano necessita organizar-se para se situar diante de um fenômeno. Pensando em fases, conseguimos lidar com as modificações que vão aparecendo à medida que o tempo passa, bem como dispomos de um critério para organizar a sociedade.

Quando queremos classificar as fases da vida, o critério que primeiro nos vem à cabeça é o da idade das pessoas. Há um consenso de que a fase da velhice inicia-se por volta dos 60 ou 65 anos – com algumas variações, conforme o nível de desenvolvimento socioeconômico, o sexo, a cultura e outros fatores.

Na prática, ao focalizar determinado indivíduo, não se pode fazer afirmações sobre ele baseando-se apenas na idade cronológica. Outras variáveis precisam ser levadas em consideração. Porém, o critério cronológico se faz necessário, uma vez que é o mais viável para estruturar a sociedade – regulamentando intervenções socioeconômicas como aposentadoria, legislação sobre heranças, doações, casamentos, adoções, responsabilidade penal, normas para dirigir, filas preferenciais em

Velhice

lugares públicos, assentos preferenciais no transporte público etc. Numa macrovisão, portanto, o critério de idade cronológica ainda é o melhor, por ser o mais objetivo e passível de quantificação. Porém, há um forte complicador para a fidedignidade da classificação cronológica: o transcorrer do tempo não gera consequências uniformes em todos. As diferenças individuais entre pessoas idosas são enormes e abracam fatores genéticos, psicológicos e ambientais. Essas modificações, que vão se estabelecendo durante a passagem do tempo de uma vida, constituem um processo complexo e multifacetado.

Um exemplo simples esclarece essa ideia da heterogeneidade entre pessoas com mais de 60 anos: imagine-se diante do berçário de uma maternidade; os bebês ali colocados têm todos poucas horas de vida, mas apesar disso apresentam diferenças – há os dorminhocos, os agitados, os chorões, os que têm cólica, os que precisam de uma intervenção médica para corrigir um defeito inato, os famintos, os sorridentes etc. Ora, imagine os

Maria Celia de Abreu

mesmos bebês... sessenta anos depois! Além das diversas heranças genéticas, cada um teve uma história, com diferenças de alimentação, de exercícios físicos, de acidentes, de acolhimento, de rejeição, de sucesso escolar e profissional, de contato com a

> "Sempre brinquei com o envelhecimento dizendo que somos como vinho: com o tempo, ficamos mais saborosos, encorpados e muito bons para degustação. É tudo verdade! Mas tem muito mais coisa nesse processo. Da liberdade interior às vistas mais frequentes ao fisioterapeuta para fortalecer os músculos; fiquei adepto de exercícios e joguinhos para o cérebro; mas me olho no espelho e gosto mais de quem vejo e me pego deixando o cabelo crescer, algo que não me passava pela cabeça e que agora, simplesmente faz sentido. Uma pitada de 'se eu soubesse lá atrás o que eu sei hoje' que logo vai embora porque o viver cada momento tem mais *slow motion* e eu aprecio o que antes nem percebia."
>
> **Wellington Nogueira**
> *Coordenador-geral dos Doutores da Alegria*

natureza ou com cidades, de privações e assim por diante. É fácil perceber que as semelhanças entre eles só fizeram diminuir.

Para responder a um provável questionamento que o leitor esteja fazendo, adianto que a abordagem da psicologia do desenvolvimento chamada de "ciclo vital" permite lidar com tal dificuldade de generalização, mas o assunto será abordado um pouco mais adiante.

Em geral, consideramos o envelhecimento físico o principal, talvez porque ele seja o que mais se evidencia. Porém, essa é uma visão limitada do processo. Com o passar dos anos, há um desgaste irreversível de todos os sistemas fisiológicos; por exemplo, o sistema reprodutor feminino deixa de funcionar, diminui a resistência a agressões oriundas do ambiente e aumenta a probabilidade de morte. Porém, as modificações que vão aparecendo com o decorrer do tempo não acontecem apenas no plano biológico, mas em toda a complexidade psicológica e social que compõe o ser humano. Se no plano físico nossos atributos decaem, não necessariamente o mesmo ocorre com nossa capacidade de desenvolver e de expressar interesses, vivenciar afetos e considerar mudanças oportunidades a ser exploradas.

SUGESTÃO

Convido o leitor que estiver disposto a ir fundo na descoberta de sua concepção de velhice a fazer um pequeno exercício, nos moldes daquele que sugeri no primeiro capítulo, porém um pouco diferente. Sem ler as instruções para o segundo passo, pegue

> "Hoje, tendo vivido mais tempo que meus pais e meu avós, sinto o sabor da maturidade, da vida vivida com muitos percalços, com muitas pedras no caminho, mas com infinitas vitórias. Dei o melhor de mim em todas as facetas que me envolveram e por isso pretendo estar mais vivo do que nunca nesses anos de maturidade."
>
> **Emanoel Araujo**
> *Diretor e curador do Museu Afro Brasil*

Velhice

papel e escreva sem pressa uma lista com todas as palavras e frases curtas que primeiro lhe vierem à mente em resposta à seguinte pergunta: como eu descrevo um(a) velho(a)?

Feito isso, retome a leitura desta sugestão.

O segundo passo consiste em organizar a lista segundo critérios: fatores físicos, fatores psicológicos, fatores socioeconômicos – e outros que se formem. O leitor pode assinalar cada palavra com um ícone que se refere a cada categoria, ou marcá-lo com uma cor específica, para ter um quadro mais visual dessa classificação.

No terceiro passo, sugiro que contabilize a frequência com que citou cada categoria. Se a quantidade de itens presentes em cada uma delas é aproximadamente a mesma, parabéns: você tem um conceito de velho menos simplório e mais rico do que a maioria das pessoas que tenho encontrado em meus contatos profissionais. O que mais aparece é uma lista de fatores físicos mais longa que as outras – o que não é bom, pois induz a erros, por ser uma visão apenas parcial do fenômeno. Se for esse o seu caso, tenho esperança de que, ao terminar a leitura deste livro, você disponha de novos argumentos.

UMA IMAGEM PARA RESSIGNIFICAR O ENVELHECIMENTO

A mente humana pode usar um recurso muito bom para fixar e entender melhor um conceito: traduzi-lo em imagem em vez de palavras. (Em tempos de domínio cibernético, os símbolos visuais têm sido usados com muita frequência, até com exagero.) Ciente disso, fui buscar uma imagem que simbolize a velhice.

Não gosto nem um pouco da imagem bastante difundida de que a vida consiste em nascer ao sopé de uma montanha, ir subindo, subindo, subindo até chegar ao topo, no auge da vida adulta, e depois começar a descer, descer, descer... até encontrar o fim da jornada em algum ponto imprevisto. Ora, isso nos leva a pensar que envelhecer consiste em ir perdendo, pouco a pouco, cada uma das coi-

Velhice

sas que se foi ganhando desde a infância, a adolescência e a vida adulta. Trata-se de uma concepção muito triste e derrotista do envelhecimento. Pior: não corresponde aos fatos da vida!

Não nego que envelhecer é difícil, nem que se trata de uma fase em que há perdas. Porém, tam-

> "Desde que me conheço por gente penso em aprender; esse sempre foi meu norte. Acho que isso veio da importância que meu pai – imigrante refugiado de guerra – dava ao conhecimento. Por isso, olhando hoje em retrospecto, não me lembro de ter passado pelas famosas crises: a da adolescência, a dos 30, 40, 50; a da menopausa etc. A curiosidade é uma grande amiga que trago pela mão sempre. Enquanto ela estiver comigo, terei vontade de aprender, manterei o interesse no outro. Quando deixamos de buscar respostas fora de nós mesmos começamos a envelhecer; qualquer que seja a idade."
>
> Aracy Balabanian
> *Atriz*

bém não é difícil ser criança? Ser jovem? Ser adulto? Por que será que determinados adolescentes se negam a assumir seu papel de adultos, prolongando uma etapa que a rigor já se foi? Não será porque para eles é mais atraente continuar a ser adolescentes que enfrentar as perdas que ocorrerão quando passarem à vida adulta? E o mesmo "protesto", a mesma dificuldade não aparece em crianças que se recusam a amadurecer, insistindo em comportamentos infantis que não se justificam mais? Além de elas não terem a menor vontade de perder traços, vantagens e comodidades típicas da infância, sentem medo natural de viver o desconhecido de uma fase nova.

Portanto, não é exclusivo do adulto que acaba de entrar na maturidade o fato de esforçar-se para prolongar ao máximo sua etapa de vida de adulto jovem. Ele sabe que haverá perdas e também tem medo do desconhecido, fenômeno que aparece em todas as mudanças de fase da vida. Para alguns, com muita força; para outros, de modo mais discreto; para outros ainda, nem chega a se manifes-

Velhice

tar – e muda de uma fase para outra com suavidade e sem problemas. Felizes os capazes de abraçar a nova idade, seja ela qual for, com curiosidade, entusiasmo e alegria, sem lamentar o que perderam nem se agarrar com unhas e dentes ao que já conhecem.

Dito tudo isso, por que só se dá destaque ao fenômeno quando este se manifesta na pessoa madura? Não é injusto? Talvez a única característica que ocorre somente na velhice é que depois dela não há mais outra fase: trata-se da última.

Depois de muito refletir, finalmente cheguei a uma simbolização que me satisfez. Prefiro imaginar que a vida, em vez de ser uma montanha que se sobe e depois se desce, é uma estrada que se percorre, sem possibilidade de voltar atrás. Vai atravessando terrenos diversos, com características diferentes, e ao viajar por ela precisamos nos adaptar a cada nova paisagem. Haverá ladeiras íngremes a ser galgadas ou descidas penosamente; haverá trechos desérticos, sob sol escaldante, cobertos por pedregulhos pontiagudos; haverá trechos sob árvores frondosas, que fornecerão sombra e frutos; ou nossa estrada atravessará paisagens com campos floridos, riachos de águas cristalinas, lindos lagos serenos. Em certos momentos, caminharemos animados em grupos alegres; em outros, cabe a nós vencer a distância sozinhos – quem sabe até no escuro.

Cada vez que a estrada nos introduz em uma nova paisagem, precisamos descobrir a melhor maneira de transpô-la, de vencer obstáculos, e talvez o que já sabíamos no cenário anterior não nos sirva mais. É preciso reunir energias e entusiasmo e nos concentrar em apreender tais novidades, pois essa é a melhor maneira de conduzir essa viagem pela vida.

Do mesmo modo, precisamos contemplá-la com olhos curiosos, sem preconceitos, para desvendar suas belezas e amenidades. Porém, só teremos a liberdade necessária para descobrir qualidades se estivermos desprendidos das belezas e vantagens das paisagens anteriores. Se ficarmos relembrando como era belo o cenário que percorremos, e comparando o que vivenciamos hoje

Velhice

com o que já foi vivido no passado, não teremos disponibilidade interna para as belezas do que está por vir.

> "Não me preocupo com o envelhecimento. É um processo normal, natural. Apesar dos meus 60 anos de carreira, não sinto o peso da idade nem me enxergo como um velho (no mau sentido da palavra). Não tenho problema de saúde sério, o que ajuda. Procuro levar uma vida saudável, cuido da alimentação. Adoro ler. Talvez me dê certa força o fato de viajar a todo momento, fazendo shows para públicos os mais variados, conhecendo gente. Gosto muito do que faço. Tenho inúmeros amigos jovens e convivo com crianças. Agradeço todos os dias por poder fazer as coisas de que gosto. Mesmo estando num mundo cheio de más notícias, cercado de violência – o que me afeta, é claro –, consigo aceitar as condições da vida no momento em que a estou vivendo. Para mim, envelhecer bem é viver a vida como ela me vem."
>
> **Agnaldo Rayol**
> *Cantor*

É preciso relembrar que o novo costuma causar medo, e, para lidar com esse sentimento, usamos de muitas desculpas e até de incríveis subterfúgios.

Partindo dessa imagem da vida como o percorrer de uma estrada que atravessa diversas paisagens, fixamos o conceito de que cada fase tem suas características. A velhice é apenas uma dessas fases; não se define por acumular perdas em relação a momentos passados, mas por ter paisagens diferentes das já conhecidas! A chave para fazer uma viagem alegre, produtiva e saudável pela estrada sem volta da vida está em ter muita flexibilidade para se adaptar a cada nova paisagem e tirar de cada uma delas o que de melhor possa nos proporcionar.

Ter essa imagem na mente pode-nos ajudar a encarar as características da velhice com naturalidade, alertar-nos para o perigo de estar encarnando o papel de vítima ou coitadinho e afastar-nos de pensamentos preconceituosos que geram comportamentos inadequados, entre outras vantagens.

Velhice

SUGESTÃO

Numa linha de reflexão e de busca de autoconhecimento, sugiro que o leitor pense sobre as diversas paisagens que a estrada da sua vida já atravessou e descreva a si mesmo como é o cenário atual. Àquele que estiver disposto a mergulhar fundo nessa nova forma de considerar a velhice, sugiro que represente a sua paisagem atual graficamente; pode ser um desenho, uma pintura, uma colagem, uma instalação – o que a sua criatividade inspirá-lo a produzir. Esse exercício deve ser encarado como uma brincadeira, uma atividade lúdica, descompromissada, como fazem as crianças. Em cursos e vivências que coordenei, já houve quem escreveu poema, tirou fotografias, montou maquete, inventou colagem... sentindo-se um artista criador. Sem pressa, com leveza e alegria, caprichando, dando-se a oportunidade de fixar na memória essa nova imagem.

Se o leitor gostou da atividade, sugiro agora que a amplie, representando graficamente como gostaria que fosse a paisagem da sua próxima fase de vida. Só por hipótese, pois sabemos que não podemos ter controle sobre certas situações – mas sonhar é muito bom!

No próximo capítulo, faremos um apanhado das contribuições da psicologia do desenvolvimento ao conceito de velhice. Depois de mergulhar no mundo da imaginação e da criação, é bom passar para o mundo da ciência. Suas descobertas, em diversas áreas do conhecimento, alcançadas seguindo cânones rígidos e consagrados, fornecem uma estrutura valiosa para orientar nosso pensamento sobre os fenômenos do mundo.

3. A CONTRIBUIÇÃO DA PSICOLOGIA DO DESENVOLVIMENTO

UM POUCO DE HISTÓRIA

Na primeira metade do século 20, a psicologia do desenvolvimento, uma ciência jovem, dedicou-se a expandir e a consolidar noções da psicologia da criança. Não havia pesquisas sobre velhice, mas uma crença de que o que a caracterizava era a estagnação e a involução. Só por volta da segunda metade do século 20 a psicologia do desenvolvimento, representada por uma corrente chamada de "ciclo vital" ou "ciclo de vida" (*life span*), preocupou-se em estudar mudanças que ocorrem ao longo de toda a existência, inclusive nas etapas finais.

É bom lembrar que a expectativa de vida começou a crescer nessa época, como já mostramos, o que incentivou o interesse dos pesquisadores.

Os representantes dessa corrente apresentam propostas teóricas um pouco diversas, mas os conceitos básicos são semelhantes. Não existe valorização de uma etapa em relação a outra e as últimas fases não são consideradas de estagnação ou decadência. Cada ciclo é apenas diferente dos outros. Qualquer período do ciclo da vida é colocado numa perspectiva de encadeamento entre fatos antecedentes e consequentes. A personalidade se desenvolve durante toda a vida, tendo a psicoterapia bons resultados também nas etapas mais adiantadas – conceitos que contrariam a afirmação de Freud.

Em cada fase, a pessoa deve cumprir uma tarefa psicossocial específica, determinada por funções psicológicas e expectativas sociais. A maturação biológica é considerada, mas não lhe é dada importância primordial. Se a tarefa psicológica de uma fase não for bem realizada, haverá dificuldades nas

Velhice

etapas posteriores, prejudicando o sentimento de realização pessoal e a aceitação pela sociedade.

Alguns desses teóricos são:

- **Charlotte Bühler** (1893-1974) – Nascida na Alemanha, trabalhou também em Viena e Oslo e, a partir de 1945, nos Estados Unidos. Propôs o que chamou de teoria da autorrealização ou conceito da autodeterminação.
- **Robert J. Havighurst** (1900-1991) – Norte-americano, criou o conceito de tarefas de desenvolvimento, tendo produzido pesquisas em Nova York, Chicago e Berkeley. A título de curiosidade: Havighurst esteve em São Paulo algumas vezes, ajudando a implantar a Faculdade de Educação da Universidade de São Paulo.
- **Erik H. Erikson** (1902-1994) – Escolhemos detalhar a seguir sua interessante proposta de tarefas psicossociais.
- **Daniel J. Levinson** (1920-1994) – Norte-americano, trabalhou em Berkeley, Harvard e Yale. Pesquisou minuciosamente "as estações da vida adulta" no homem e na mulher.

Maria Celia de Abreu

São autores cuja produção intelectual concentra-se mais no início que no final do século 20, e nos Estados Unidos.

A PROPOSTA DE ERIK ERIKSON

Escolhi falar sobre a proposta de Erik Erikson porque ela exemplifica bem os conceitos de ciclo de vida e suas respectivas tarefas psicológicas. Superando a tradicional formulação freudiana de estágios de desenvolvimento do começo da infância – chegando no máximo até o adulto jovem –, inclui todo o ciclo de vida, inclusive a velhice. Proponho conhecermos um pouco de sua história para melhor compreendermos sua obra.

Erik Erikson nasceu em 1902, de pai presbiteriano e mãe judia, separados desde então; a mãe visitava alguém na Alemanha quando ele nasceu, e ali ela se fixou. Mais tarde, casou-se com um pediatra judeu, que acompanhou o crescimento de Erik. Sua adolescência foi conturbada: discriminado como judeu na escola que frequentava e como gentio nos círculos israelitas. Teve uma sólida formação escolar, aprendendo grego, latim, filosofia, ciências e literatura, mas optou por não cursar a universidade. Aos 18 anos, viajou pelo país – hábito não de todo estranho para os jovens alemães daquela época –, enquanto lia, desenhava e fazia esculturas de madeira. Dos 21 aos 24 anos viveu em Florença, lidando informalmente com arte; ao retornar à Alemanha, passou a trabalhar na escola de arte para crianças fundada por Anna Freud, filha mais nova do grande mestre.

Por influência dela, entrou para a Sociedade Vienense de Psicanálise; aos poucos seu interesse em reproduzir a natureza por meio da arte deslocou-se para a compreensão do inconsciente infantil por meio das brincadeiras. Erikson foi também adquirindo habilidade clínica, supervisionado por Anna Freud. Durante esses anos, conheceu em Viena a norte-americana Joan Mowat Serson, intelectual de muitos talentos – que mais tarde se tornou sua esposa e mãe de seus dois filhos, além de grande parceira na carreira profissional, tendo em 1939 mudado seu nome para Joan Mowat Erikson.

Em 1933, Erik graduou-se no Instituto de Psicoterapia de Viena e, sentindo as ameaças nazistas e fascistas que ensombreciam a Europa, decidiu emigrar para os Estados Unidos.

Foi para Boston e lá se tornou o primeiro psicoterapeuta infantil da cidade. Estudou a influência cultural sobre o desenvolvimento psicológico, trabalhando com crianças de diversas reservas indígenas. Embora fosse representante da psicanálise, admitia a influência cultural sobre os indivíduos. Trabalhou em Harvard, Yale e Berkeley. Aposentou-se em 1970 e morreu em 1979.

Para Erikson, o ciclo da vida tem oito – ou nove – fases, cada qual com sua tarefa psicossocial. Em cada etapa a pessoa atravessa uma crise (lembrando que para a psicanálise é por crises que se evolui), podendo chegar a dois resultados: a. se cumprir a tarefa psicossocial com sucesso, passa gradualmente para a próxima fase e sua respectiva tarefa; b. se isso não acontecer, o indivíduo é prejudicado – o ego tem dificuldade de crescer e agravam-se as próximas crises que estão por vir. Os bons resultados conquistados em cada fase duram por toda a vida. Se para Freud a personalidade se estrutura na primeira infância, para Erikson ela está em contínuo desenvolvimento.

Erikson usa a idade cronológica apenas como um marcador auxiliar, admitindo boa margem de variação nos seus limites. A seguir, apresento um resumo das ideias do autor referentes às fases, às suas respectivas tarefas e às duas possibilidades de resultante.

Bebê

A tarefa é adquirir confiança em si mesmo e nos outros com base no vínculo que forma com a figura materna. O resultante é a esperança; se a crise for mal resolvida, instalam-se o retraimento e uma desconfiança básica.

Primeira infância

A tarefa é adquirir autonomia. Os resultantes são a capacidade de usar a vontade, ter domínio sobre o corpo e ter liberdade de escolher. Se mal resolvida, essa crise traz a vergonha e a dúvida de ter controle sobre o próprio corpo.

Segunda infância

A tarefa é adquirir autoafirmação. Os resultantes são ser capaz de se engajar em atividades orientadas para uma meta e adquirir a capacidade de brincar e realizar tarefas escolares, habilidades básicas para viver bem socialmente. Os resultantes da crise mal resolvida são a culpa e a sensação de incompetência.

Adolescência

A tarefa é formar a identidade. Os resultantes são ter senso de identidade e ser capaz de criar um projeto de vida que lhe seja fiel, bem como adquirir valores e capacidade crítica. O resultante da crise mal resolvida é uma identidade difusa.

Adulto jovem

A tarefa é criar intimidade com outrem. O resultante é engajar-se em relações amorosas estáveis, que implicam respeito, responsabilidade e doação, sendo capaz de compartilhar sem medo de perder a própria identidade. Se a crise for mal resolvida, instalam-se o isolamento e a alienação.

Adulto maduro

A tarefa é a geratividade ou generatividade. Os resultantes são a capacidade de gerar, para a sociedade, filhos, ideias e valores; de transmitir à geração subsequente conhecimentos e conceitos, devolvendo à sociedade o que recebeu dela até então. Trata-se de um bom momento para ser consultor, conselheiro, para se dedicar a um trabalho voluntário; implica procriação, produtividade e criatividade. O resultante da crise mal resolvida é a estagnação.

Velhice

A tarefa é a integridade do ego. Usando a sabedoria, entendida como a compreensão do mundo que usa informações acumuladas com o passar do tempo, deve-se integrar todas as tarefas psicossociais anteriores e aceitar-se, percebendo-se como parte do gênero humano – que passa a ser entendido como uma extensão das relações familiares –, e posicionar-se quanto à morte, além de continuar a desenvolver seu potencial criativo. É preciso que a pessoa reúna todas as experiências prévias e se apoie nelas, mantendo-se consciente e sendo criativa, exibindo uma nova dignidade. Instalam-se um sentimento de preenchimento, de tarefa cumprida, e uma aceitação filosófica de si mesmo, a despeito de erros e tropeços ao longo do caminho. A compreensão de que houve um fio condutor na história de vida é um fator crítico que, se não for alcançado, pode criar sentimentos de amargura e de arrependimento. Amarrar as experiências acumuladas ao longo da vida numa história pessoal é um modo de encontrar significado na vida. O resultante da crise mal resolvida é o desespero.

Última fase

Em uma publicação *post mortem* de Erik Erikson, Joan M. Erikson afirma que existe uma nona fase, embora poucas pessoas a alcancem, pois ela

Velhice

não se instala antes dos 80 ou 90 anos. Nessa etapa, o corpo se enfraquece e vai perdendo autonomia; a independência e o controle decaem, bem como a autoestima e a confiança. Fé e humildade são necessárias para bem resolver essa última crise e alcançar o que a autora chama de gerotranscendência – descrita como uma percepção de total integração ao universo. Os obstáculos do nono estágio são testemunhadas pela dificuldade da sociedade de incluir esses anciãos, que então caem no ostracismo, sendo negligenciados e dominados por sentimentos de vergonha.

Na proposta de Erikson, a caracterização das várias fases é mais qualitativa que quantitativa – ou seja, mais baseada em informações descritivas que na idade cronológica. Diante da análise de um caso único, trata-se de uma proposta bastante interessante; perante a necessidade de agrupar massas humanas, mostra-se um critério subjetivo e difícil de ser avaliado. Porém, agora você, leitor, tem um critério diferente do cronológico para lidar com o fenômeno do envelhecimento.

SUGESTÃO

Para terminar este capítulo, proponho ao leitor que reflita sobre sua história de vida, sobre a superação – ou não – de cada fase, procurando definir em qual delas se encontra. No entanto, tenho a forte suspeita de que você já estava fazendo esse movimento de reflexão à medida que a leitura acontecia... pois essa é nossa tendência mais natural.

4. PERDAS E LUTO

PERDAS: CONCEITO E RESSIGNIFICAÇÃO

Com a passagem do tempo, vão acontecendo perdas, tanto materiais quanto afetivas. Porém, isso não é exclusividade da velhice. Há perdas em todas as idades. Que isso fique bem claro antes de começarmos a conversar sobre o assunto.

É impossível para o ser humano atingir a maturidade sem contabilizar privações e danos em sua história de vida. Porém, a disposição para enfrentar o problema, bem como os recursos para superá-los, varia de um indivíduo para outro. Numa sociedade na qual não há preparação para envelhecer e abundam fortes preconceitos contra o velho, é necessária bastante determinação para ultrapassar um tempo de luto com apenas o mínimo de sofrimento inevitável. De início, vamos refletir sobre o tema da perda para então conhecer alguns recursos que podem aliviar as dores dela advindas e encurtar a duração do luto.

Como trabalho com adultos maduros e com idosos – em psicoterapia individual ou em grupo, em grupos de reflexão, em encontros vivenciais e palestras –, observo que quando se fala sobre envelhecimento o tema das perdas sempre aparece, acompanhado de um séquito de sentimentos pesados. Compreendi também que em determinados momentos, sobretudo durante a segunda metade da vida, a maioria das pessoas sente necessidade de fazer um balanço íntimo e pessoal, revendo e ressignificando o passado. Depois que esse trabalho de revisão e ressignificação é esgotado, o indivíduo sente-se disponível para refletir sobre o presente, ir em busca de possibilidades positivas e investir num futuro com qualidade de vida. Equivale a vi-

Velhice

ver uma espécie de tempo de luto por perdas sofridas em épocas anteriores, fazer as pazes com dores do passado e, em seguida, continuar pela estrada da vida com alegria, cabeça erguida e planos. Em minha prática profissional, a proposição de Erik Erikson sobre a tarefa psicossocial da velhice – que leva à integridade do ego se for bem-sucedida ou ao desespero se não o for (veja o Capítulo 3) – sempre se

> "Em primeiro lugar, não tenho ideia do que é envelhecer. Nunca tive tempo de avaliar os anos que passaram praticamente sem que eu percebesse. Vejo agora que tenho de me parabenizar pela caminhada plena, cheia de realizações, desafios, acertos e erros – mas, sobretudo, muito amor. Sou agora bem diferente do começo da caminhada, menos radical. O que vier daqui para a frente é tudo de bom. Já ouvi que a vida é um ensaio geral; acho que estou prontinha para a estreia."
>
> Marika Gidali
> *Bailarina, coreógrafa, professora e diretora artística do Ballet Stagium*

comprovou. Foi com isso em mente, caro leitor, que, depois de expor nos capítulos anteriores minha visão sobre o conceito e os preconceitos que acompanham o velho, resolvi abordar temas mais pesados, como perdas, morte, luto e depressão – sem perder de vista que meu objetivo é estimulá-lo a melhorar sua qualidade de vida.

O sentimento de perda implica três elementos:
1. A separação de alguém ou algo que integrava o esquema de vida da pessoa, com todas as reminiscências que ela provoca (tema tão bem explorado pela psicanálise na traumática separação mãe-bebê no momento do parto).
2. A suspensão de gratificações que eram proporcionadas pelo elemento perdido.
3. A obrigação de se adaptar a uma nova etapa com circunstâncias desconhecidas, o que sabidamente gera ansiedade e medo.

Culturalmente, determinados fatores estão relacionados com perda para a maioria das pessoas de determinado grupo. Entretanto, interpretar um acontecimento como perda e determinar seu grau de gravidade seguem um critério pessoal e único.

Algo que seria entendido como ganho por quase todos pode ser percebido como perda para determinado indivíduo, e vice-versa. Para avaliar se perder isto dói mais que perder aquilo, só indagando da própria pessoa.

Por exemplo: em nossa sociedade capitalista, a perda de uma situação financeira confortável tende a ser considerada prejuízo grave, muito embora para alguns não seja necessariamente vista como algo tão significativo e, para outros, seja encarada como alívio de responsabilidades, compromissos e tarefas que não lhes davam prazer.

Outro exemplo: a sociedade aceita o luto profundo pela perda do cônjuge, mas não pela morte do animalzinho de estimação. Às vezes, porém, o companheiro simbolizava um opressor insuportável e o animal, um poço de carinhos e dedicação, inesquecível e insubstituível.

Em virtude de pressões sociais desse tipo, o indivíduo pode vivenciar como perda algo que, conscientemente, não reconhece como tal – ou seja, não se dá conta de que está sofrendo. Ou, ao contrário, sente-se culpado porque determinada perda obje-

> "O assunto da morte foi tema de diversas personagens que tive a oportunidade de interpretar ao longo de minha carreira de atriz. E, depois de mais de 60 anos de trabalho, não foram raras as vezes em que me perguntaram como é, nesta etapa da vida, enfrentar com energia e vigor questões tão delicadas... Penso que é simples: procuro aprender a conviver com as limitações e as perdas que são inevitáveis. Agora, cá entre nós, às vezes pode ser um aprendizado um tanto difícil. Porém, não devemos esquecer que, se pudermos nos sentir bem – mantendo hábitos saudáveis, exercendo o ofício pelo qual nos apaixonamos, as atividades que nos trazem prazer e os laços de afeto que dão sentido à vida –, tudo fica melhor. Citando Frei Betto, 'diante da finitude da vida, a plenitude é ser feliz. E nada faz o ser humano mais feliz do que amar e ser amado'."
>
> Eva Wilma
> Atriz

Velhice

tiva não lhe causa profunda dor, já que as regras da sociedade decretam que deva fazê-lo.

Portanto, para compreender os sentimentos de perda de um ser humano específico, e eventualmente ajudá-lo a superá-los, é preciso respeitar o significado atribuído por ele a tal incidente, num esforço contínuo para não se deixar enredar por esquemas prefixados.

Uma perda não repercute só em quem a sofre: afeta também o círculo mais próximo dessa pessoa, sobretudo o familiar (mas também o grupo de trabalho, ou outro equivalente). Mais que individual, a perda pode ser um fenômeno inter-relacional. Uma perda significativa desencadeia uma crise e abala a dinâmica estável, saudável, da família (ou do grupo de trabalho, ou outro igualmente próximo). Um membro que se desequilibra tende a interferir na estruturação do grupo, desestabilizando seu equilíbrio e os recursos de que costuma lançar mão, confundindo seus participantes. Por vezes, conflitos anteriores à perda, que pareciam resolvidos, mas na verdade apenas adormecidos, ressurgem com intensidade, adicionando ainda mais dificuldades à sua superação.

Pegando carona na terminologia dos psicólogos do ciclo vital, creio que uma das tarefas psicológicas a ser cumpridas na maturidade é elaborar os sentimentos despertados pelas perdas, ocorram elas durante a própria maturidade ou em qualquer fase anterior. Trata-se de uma preparação para uma velhice plena e feliz. Esse é o momento ótimo; o que não quer dizer que essa elaboração não possa ser efetuada em etapas anteriores da vida.

ACONTECIMENTOS PERCEBIDOS COMO PERDA

Alguns acontecimentos são em geral interpretados como perda, como as modificações nas características do corpo, a aposentadoria, a morte dos que lhe são próximos – e, em última instância, a própria morte.

Embora natural, inevitável e previsível, o envelhecimento físico pode ser uma surpresa e despertar sentimentos que chegam a ser aterrorizantes.

Velhice

Também surpreendente é que a aposentadoria, que tem data marcada, possa causar tanta estranheza e desadaptação. Até mesmo a morte, a única certeza para quem está vivo, sempre nos pega desprevenidos; a perda de um ser querido pode ser uma das dores mais profundas para um ser humano. Seria muito mais tranquilo se nós nos acostumássemos a interpretar esses fatos como novas paisagens que a estrada da vida percorre. Como vimos, o desenrolar das paisagens segue uma ordem diferente para cada um, tendo também uma duração diversa. O segredo para viver bem é perceber que a paisagem mudou e se adaptar ao novo que lhe é oferecido – sem agarrar-se a coisas que foram gratificantes ou apenas úteis na fase anterior, mas agora não podem mais nos trazer gratificação.

Aposentadoria

Farei agora considerações que se aplicam a uma grande parcela da população brasileira, aquela que atravessa a vida ligada a empregos formais, como assalariada, e, depois de certo número de anos trabalhados, ou de certa idade, conta com a aposentadoria.

Aposentar-se costuma exigir readaptações profundas do indivíduo e de seu grupo familiar. Para uns, o fato é interpretado como ganho; para outros, percebido como perda. A aposentadoria deveria ser uma passagem natural em nossa organiza-

> "Vejo muitos profissionais se aproximando dos 60 anos, pensando na aposentadoria e perdendo noites por isso. Pudera! O quadro social para a velhice no nosso país não é dos melhores. O Brasil está envelhecendo e não se preparou para a finitude da sua população. Parece que teremos um futuro nada ameno, mas isso me fortalece. Creio que serei um velhinho trabalhador, atuante e muito 'reivindiquento'... E, enquanto eu tiver discernimento das coisas, que assim seja. Cada vez mais me certifico de que só poderá experimentar a velhice aquele que sempre se preparou para tal."
>
> **Edson Celulari**
> *Ator*

ção socioeconômica, mas em geral vem carregada de conotações emocionais, muitas vezes negativas. Até mesmo quando desejada e planejada, pode representar um choque.

A aposentadoria implica uma perda que arrasta consigo outras perdas; quando alguém se aposenta, não perde só o emprego, mas o status, os colegas, a rotina, o ter com quê se ocupar, o prestígio, o nível de renda, a possibilidade de ser produtivo, a necessidade de se informar, entre outras variáveis importantes para sua identidade. Com o emprego, vai-se um convívio obrigatório, que podia não ser profundo, mas existia; vai-se uma estrutura externa que sustentava hábitos e horários diários, bons até para a saúde; vai-se uma necessidade de se atualizar, de estar presente nos acontecimentos do mundo; vai-se, sobretudo, um status, que mexe com a própria identidade.

Alguns indivíduos preenchem todos os requisitos legais para requerer a aposentadoria e não precisar parar de trabalhar, mas não têm coragem de pedi-la por uma questão emocional: vão se sentir terrivelmente mal se entrarem nessa categoria. Preferem continuar contribuindo para o governo com uma taxa mensal em vez de receber o que lhes é devido. Não custa relembrar o que discutimos no início deste livro: muitos preconceitos depreciativos são atribuídos ao velho.

Outros esperam com ansiedade o momento de não precisar mais daquela rotina pesada de ir trabalhar todo santo dia; sonham com isso, preparam-se para isso, mas não são todos os que se adaptam sem dificuldade ao novo estado, mesmo o desejando. Não são muitos os que se sentem mais livres, felizes por ter tempo para si, senhores das próprias ações, finalmente capazes de concretizar sonhos e projetos até então mantidos em compasso de espera. Isso acontece até para quem já despendeu algum esforço refletindo sobre sua vida, seus objetivos e possibilidades e formulou um "plano B" para quando esse momento chegasse. Por estranho que pareça, a aposentadoria, tão prevista, entra na vida da pessoa como uma grande surpresa.

Velhice

Não é só o "aposentando" que é afetado; os que convivem com ele também o são. Por vezes, sutilmente, passam a depreciá-lo, deixá-lo de lado, dispensar suas opiniões, não levá-lo a sério – ou a superprotegê-lo, tolhendo suas iniciativas e decisões.

Há também famílias que veem o tempo disponível do aposentado como uma oportunidade de ele ser útil, induzindo-o a assumir as funções de babá, cuidador, office-boy, motorista, cozinheiro, passeador de cachorro etc. sem questionar se isso o faz feliz e realizado. Não o fazem por maldade, nem de modo deliberado – são pessoas inseridas num contexto cultural que favorece tais valores e os comportamentos que deles derivam.

Há também arranjos práticos a ser feitos na rotina doméstica, pois aquele indivíduo que saía pela manhã e voltava à noite cinco dias da semana agora fica o dia todo em casa, enxerga detalhes com os quais nunca se incomodou, reivindica um espaço que nunca ocupou. Assim, a nova paisagem da estrada da vida trazida pela aposentadoria exige readaptações, estabelecimento de novos limites, flexibilidade, boa vontade, esclarecimento de valores e sentimentos e autoconhecimento – necessitando tanto o aposentando como seus próximos dispor-se a chegar a um bom termo de convivência.

Porém, nem toda pessoa que chega à velhice se identifica com essas colocações sobre a aposentadoria – e a tendência é que esse grupo de brasileiros cresça. O empresário, o profissional liberal, o trabalhador informal não têm data para se aposentar. Deixando de lado aqueles que, por razões financeiras, infelizmente não podem fazer uma escolha, em geral observamos uma diminuição na carga de trabalho. Alguns param completamente, mas todos deparam com as mesmas situações e dificuldades enfrentadas pelos assalariados. Se contribuíram para o governo, podem requerer uma remuneração como aposentadoria. Mas e quanto aos que não contribuíram? (Abre-se aqui espaço para uma complicada discussão na qual não vou entrar, deixando esse debate para sociólogos e economistas – embora não possa deixar de citá-la pela

Velhice

sua enorme importância social, com reflexos diretos sobre cada indivíduo.)

Pesquisas indicam que o brasileiro espera ser sustentado pela família quando a velhice pedir isso, enquanto franceses, britânicos, alemães e norte-americanos acreditam que essa responsabilidade cabe ao Estado. Incoerentemente, o brasileiro não se prepara para a velhice: apenas cerca de 7% dos adultos jovens separam algum dinheiro para usar quando pararem de trabalhar. São valores culturais vigentes entre nós hoje, mas na prática estão defasados – merecendo, portanto, uma profunda reflexão que embase medidas novas.

Até mesmo o adulto maduro pode tomar medidas eficazes. É preciso definir o que se quer, priorizando o ideal da qualidade de vida, sempre pesquisando e buscando caminhos para atingir tais metas. A aposentadoria não justifica que se assuma uma postura passiva, achando que as coisas vão se resolver de modo espontâneo. Desdobra-se uma nova paisagem, que substitui a anterior; adaptar-se a ela, extraindo dela o que de melhor pode oferecer, demanda esforço, intenção e garra, o que não é nada fácil – nem tarefa para empreender sozinho, sem apoio nem ajuda!

Há pessoas que atingem o que a sociedade define como velhice, mas preferem se manter ativas, pois se realizam, se percebem úteis, mantêm-se produtivas, não desenvolveram outros interesses além do próprio trabalho, não sofrem perdas cognitivas nem encontram razões para deixar de trabalhar. Para elas, certamente, a aposentadoria seria caracterizada como perda.

SUGESTÃO

Há um terreno que costuma ser especialmente espinhoso para quem se aposenta: o do dinheiro. Em qualquer idade, a maioria das pessoas acha difícil equilibrar as finanças, compreender o funcionamento do mercado financeiro, lidar com gerentes de banco, decidir até onde quer correr riscos e coisas assim.

Quem se aposenta costuma ter uma diminuição de renda e precisa lidar com questões ainda mais difíceis do que quando tinha salário ou renda. Porém, essa não é a hora de abdicar de decidir sobre o que lhe pertence, outorgando a outrem essa autoridade – nem de ficar passivo e omisso, naquele desastroso "deixa como está para ver como é que fica". Aprender a lidar com dinheiro demanda esforço, mas é compensatório. Para encará-lo como ferramenta capaz de propiciar segurança, escolhas, liberdade, diversão e ajuda, deve-se percorrer um caminho de aprendizagem: fazer e seguir um planejamento financeiro. Sugiro que o leitor recorra à consultoria de um especialista, um profissional que lhe mostre as melhores maneiras de fazer investimentos e esquematizar um orçamento adequado à sua realidade, dentro de um planejamento financeiro equilibrado.

Síndrome do ninho vazio

"Síndrome do ninho vazio" é um termo feliz para expressar um tipo especial de perda, tão frequentemente encontrada que mereceu até nome, o qual remete a uma imagem muito expressiva.

A estrutura tradicional de nossa sociedade, organizada em células familiares, ao lado da condição do bebê, que é totalmente dependente para sobreviver, favorece seu aparecimento, pois pede que o adulto – quase sempre a mãe – se dedique a fundo e de forma prioritária aos filhos. Aos poucos, os pequenos vão se tornando independentes, mas a mãe (ou os pais, ou o pai) continua focando interesses e cuidados neles, mesmo porque fazer isso é prazeroso. Um dia, seguindo um curso natural, esses "pequenos" assumem as próprias tarefas e saem de casa, uma vez que já são adultos. Os que cuidaram deles, já adultos maduros, veem-se sem o objetivo principal ao qual se dedicaram desde a juventude. Até mesmo os que sabem, racionalmente, que sua prole está bem, feliz, realizada, fazendo o que deveria fazer podem experimentar uma forte perda. Para piorar, a síndrome do ninho vazio costuma vir acompanhada de culpa e avaliações do tipo "onde foi que eu errei?"

Aqueles que, ao mesmo tempo que se dedicavam aos cuidados com os filhos, mantiveram aber-

Velhice

tas as portas para o mundo, bem como cultivaram outras relações significativas de afeto além da relação mãe/filho (ou pai/filho, os pais/filho), estão nesse momento mais aparelhados para superar a dor do vazio e encontrar modos de preenchê-lo. Os outros terão de despender muito mais energia para o mesmo fim.

Morte

Para o jovem, a perda da vida pode ser percebida como distante, até mesmo improvável. Em idades mais adiantadas, o falecimento de pessoas próximas, o aparecimento de doenças graves em pessoas da mesma faixa etária, quando não em si próprio, tendem a modificar essa crença na invulnerabilidade, essa sensação de que o fim – dos outros e de si próprio – nunca vai chegar.

Embora a morte seja o grande questionamento da condição humana, é um assunto doloroso, que costuma ser negado e rejeitado. Afinal, se estou vivo, por que devo passar pela incoerência de ser mortal, de encarar essa que é a perda mais definitiva de todas e a menos desejada? Como ter harmonia interna se sou obrigado a conviver com tal inquietação, cujo desfecho se torna cada vez mais próximo? Essa nova percepção da certeza da própria morte pode se tornar algo angustiante e esmagador (nós, os humanos, gostamos de complicar as coisas, pois não há fenômeno mais natural e necessário do ponto de vista biológico).

Porém, depois de se permitir habituar-se ao impacto dessa "nova" ideia e fazer alguma reflexão, o velho compreende que passou por doenças sérias e não morreu delas, portanto elas podem ter cura; enfrentou separações afetivas, decepções, fracassos profissionais, derrotas financeiras, injustiças de várias espécies e não morreu de nada disso. Então, ele reformula aquela crença inicial: embora saiba que a morte será inexorável, ela não é necessariamente iminente, não havendo lucro nenhum em apressá-la.

O velho compreende que pode estabelecer negociações com o próprio corpo para desfrutar de todas as vantagens que este ainda puder lhe dar.

Velhice

Entende que, se investir em saúde mental e emocional, poderá ainda colher muitos e bons frutos, ainda que não saiba por quanto tempo. Percebe que ficar passivo e acomodado já significa entregar-se ao declínio, postura que não gera prazer, não traz benefícios e apenas anula oportunidades de ser feliz e produtivo.

Por vezes, a pessoa se angustia por se dar conta não da probabilidade da própria morte, mas da morte de quem lhe é querido. Ora, ao refletir sobre isso, em vez de deixar que se torne uma verdade destrutiva, o velho está em vantagem: já que se conhece esse risco, que tal deliberadamente aproveitar a convivência o melhor possível hoje, aqui, agora?

Alguns idosos têm certo amadurecimento emocional, junto com uma perspectiva histórica do ciclo de vida, que lhes facilitam aceitar que desenvolver laços afetivos com pessoas (ou ideias, ou situações) é tão enriquecedor que o fato de perdê-las não traz empobrecimento. Pessoas insubstituíveis permanecem vivas na memória, lembradas com muito afeto; a dor angustiada da perda recente vai sendo amenizada com o passar do tempo, o que é uma forma saudável de luto. O que permanece como legado na memória dos que ficam é tão precioso que compensa a dor da perda.

As regras de conduta da sociedade ocidental sugerem que não se devem mencionar perdas em geral e, sobretudo, não expressar a um indivíduo que ele está prestes a morrer. Há uma espécie de crença supersticiosa: se eu disser em voz alta, é como se eu criasse a realidade da morte com a minha palavra; se ninguém disser nada, quem sabe não acontece? Há ainda outra crença: se eu tocar nesse assunto, os outros podem interpretar que eu quero que isso ocorra e me julgar mal, talvez achando que eu leve alguma vantagem com a morte dessa pessoa...

É muito difícil falar sobre morte, seja a nossa, seja a de nossos entes queridos. Entretanto, aqueles que se encontram bem próximos da morte por vezes precisam conversar sobre isso, o que lhes traz grande alívio – o problema é encontrar um interlocutor disposto a ouvi-las. Como acontece com toda crença supersticiosa, essa tendência de achar

Velhice

que é melhor não ventilar o tema da morte só será encarada como falsa quando puder ser questionada, avaliada, dissecada, redimensionada, em vez de ser seguida às cegas. A franqueza, a transparência e a autenticidade só trazem benefícios.

Outro receio que leva as pessoas a se calar sobre uma perda por morte é o de que, ao falar, estejam-se abrindo comportas para uma lamentação desenfreada por parte do enlutado, com a qual não conseguirão lidar. Nossa sociedade prefere ignorar a trazer à luz uma problemática que pode gerar reações emocionais fortes, bloqueando assim o caminho para uma comunicação clara, sem barreiras, que trará alívio a todos os envolvidos, promovendo a proximidade e a intimidade, combatendo a solidão e o desamparo – sentimentos esses que não florescem em torno de hipocrisias, segredos ou ambiguidade.

Quando as pessoas não conversam sobre isso, cria-se nelas um medo de perda, ou um aumento do significado e da dor desta. Isso pode ser catastrófico, uma vez que não se tem a oportunidade de confrontar os sentimentos com a realidade dos fatos. Melhor seria se cada qual se sentisse autorizado a expressar a dor da perda à sua maneira e a seu tempo, e que tal manifestação fosse respeitada e acolhida em vez de censurada.

A estrutura psíquica humana pede que encontremos um sentido para as coisas; busca-se saber o que aconteceu, como aconteceu, onde, quando e por quê; atribui-se significado aos fatos, movimento que gera alguma tranquilidade. Nesse ponto, o velho sai em vantagem, pois está mais habilitado que o jovem a ter uma visão em perspectiva dos fatos da vida. Isso lhe permite eliminar de seu repertório a crença, porventura existente, de que as perdas que sofremos, sobretudo a morte, representam algum tipo de punição ou pagamento por algo "errado" que tenhamos feito, mesmo sem saber ou sem ter a intenção... Quem viveu até a velhice costuma ter acumulado vivências suficientes para saber que a morte é apenas um fato dentro do ciclo de vida; não se deve a causas morais ou éticas – simplesmente as coisas são assim no mundo.

O LUTO

A perda gera um processo interno ao qual damos o nome de luto. Esse processo pode ou não ser normal. Considera-se o luto normal se os sentimentos progridem ao longo do tempo, até que a dor da perda seja superada.

A pesquisa psicológica desenvolvida por Elizabeth Kübler-Ross, pioneira na abordagem do tema da morte, foi capaz de identificar fases do luto: negação, revolta e raiva, negociação ou barganha, tristeza ou depressão e, por fim, aceitação.

A primeira reação diante de uma perda grave é a de procurar não pensar nela, negando-a, como que numa posição de neutralidade, de "não tenho nada que ver com isso" ou "minha vida não vai se alterar com isso". A criação dessa barreira, que protege de um envolvimento emocional, pode ajudar bastante a atravessar o primeiro momento da crise. Porém, sua grande desvantagem é que um problema negado não é um problema resolvido. Em geral, mais cedo ou mais tarde ele vai reaparecer, exigindo solução, mas talvez ressurja "disfarçado" (por exemplo, como um distúrbio físico), dificultando que seja detectado e tratado. Além disso, os outros terão dificuldade de compreender que a pessoa está vivenciando um luto fora de época.

O ideal é que a reação de negação evolua para o estágio seguinte, que costuma ser o da raiva e da revolta. "A vida é injusta", "Deus não existe", "Por que isso aconteceu justamente comigo?" e "Eu não merecia" são pensamentos amargos e fortes, habituais nessa fase.

Um terceiro movimento emocional tende a aparecer no processo de luto para apaziguar a dor da perda: o da barganha ou negociação. Em geral, ele acontece quando o ente querido ainda está vivo, mas muito doente e com poucas chances de sobreviver. Na maioria das vezes, essa negociação é interna e consiste em fazer ofertas de sacrifícios e promessas para que as coisas voltem a ser como eram. A pessoa enlutada faz acordos com figuras que, segundo acredita, têm poder de intervir sobre a perda – Deus e até mesmo profissionais de saúde.

Velhice

São acordos do tipo: "Eu vou ser uma pessoa melhor, mais gentil, mais razoável, vou ajudar os outros, mas em troca você não o deixa ir-se de mim".

Quando a pessoa enlutada se conscientiza de que a perda é inevitável e incontrolável, que não pode escapar dela, que ficar com raiva ou tentar barganhar com Deus não resolve, ela é invadida por um sofrimento muito profundo. Retira-se para seu mundo interno, se isola, não consegue se preocupar com nada além da própria tristeza. Quieta, pensa e repensa sobre o que a vida fez com ela e sobre o que ela fez com a própria vida. Desolamento, culpa, melancolia, impotência, desesperança e medo são sentimentos frequentes nessa fase, chamada de depressão ou tristeza.

Só depois, no processo vivencial normal de um luto, a pessoa entra na fase de aceitação e se permite voltar a envolver-se com a vida.

Na prática, nem todos os enlutados passam por todas essas fases, e não necessariamente nessa ordem. Porém, para compreender alguém que esteja atravessando uma fase de elaboração de luto, é importante saber que tais fases existem e fazem parte do processo natural de superação da dor.

Às vezes essa evolução normal não acontece, uma vez que o indivíduo que sofreu a perda pode não ter recursos suficientes para chegar à aceitação. Entendendo crise como um momento no qual a pessoa fica estagnada, rodando em círculos, batendo na mesma tecla, embora não perceba que está aprisionada em uma armadilha emocional, eu diria que essa pessoa enlutada está vivenciando uma crise. É comum que demonstre saudade exagerada, que se sinta indevidamente rejeitada, inútil e descrente de qualquer providência que possa ajudá-la a sair do luto. Alguns conseguem disfarçar sua imensa tristeza, distorcendo a percepção que os próximos fazem deles. Repentes agressivos, hiperatividade, comportamentos obsessivos, ações sem objetivo, dificuldade de aprendizagem, desatenções e manifestações psicossomáticas são alguns dos sintomas que apresentam.

Uma vez identificado que alguém está vivenciando um processo anormal de luto, sem evoluir de uma fase para outra, deve-se procurar auxílio externo, de preferência ajuda profissional qualificada. É complicado ajudar alguém a superar uma crise, ainda mais se houver envolvimento emocional presente na situação.

Seja no luto normal, seja numa situação de crise, os sentimentos que acompanham uma perda grande são intensos, profundos, multifacetados e se apresentam em estado bruto, não trabalhados, não elaborados. Desse modo, não há uma tristeza suportável, compreensível, mas uma tristeza esgotante, mesclada indiscriminadamente com saudade, angústia, medo, culpa, arrependimento, raiva. São sentimentos que em geral classificamos como "negativos" (como se sentimentos pudessem ser julgados como "bons" ou "maus"): ansiedade, vazio interior, sensação de fracasso pessoal, impotência, sensação de ser injustiçado; revolta contra si mesmo, contra o mundo, contra a pessoa que se foi; pena de quem foi perdido, pena de si próprio pela perda vivida. Aparecem ainda o medo e a insegurança: como vai ser de agora em diante?

É raro que o enlutado por morte manifeste sentimentos ditos "positivos", como a sensação de alívio, de dever cumprido, o conforto de ter feito tudo que foi possível para evitar a perda. Os preconceitos e crenças que imperam em nossa cultura podem dificultar que o indivíduo demonstre aceitação, paz e tranquilidade, ainda que mesclados com tristeza, frustração etc. Entretanto, ser capaz de assumir essa aceitação tranquila é o melhor caminho para abreviar o período de turbulência que se segue à perda, pois deriva de se considerar a morte um fenômeno natural dentro do ciclo da vida.

FACILITADORES PARA ACEITAR PERDAS

A busca de superar a perda não é simples, coerente nem linear, como vimos. Mas vale a pena, pois quem vence tais angústias está capacitado a lidar com a vida com otimismo, equilíbrio e harmonia, mantendo a dignidade de sua condição humana. Vale o esforço para conseguir adotar uma perspectiva que permita pensar na perda não como algo definitivo, mas como parte de um processo; para perceber que não se pode evitá-la, mas ainda há escolhas a fazer depois dela, inclusive constatar que alguma coisa restou. É preciso reconhecer que não se tem controle sobre acontecimentos não desejados, o que nos obriga a abdicar de fantasias de onipotência e a reconhecer nossa vulnerabilidade.

Negar o sentimento de perda e aturdir-se com coisas para fazer não vai melhorar em nada essa dor. É preciso reconhecê-la, vivenciá-la e aceitá-la, refletir sobre ela, empenhar-se em entendê-la e comprometer-se a superá-la. É um momento excelente para contar com a ajuda de um psicoterapeuta, pois trilhar esse caminho sozinho pode ser árduo demais.

Embora cada um perceba, vivencie, elabore perdas e reaja a elas de modo único, pode-se afirmar, generalizando com cuidado, que estarão mais preparados para momentos dolorosos aqueles que venham se empenhando em cultivar algumas virtudes desde tempos mais amenos – bem como os que se disponham a isso, mesmo depois de ocorrida a perda. Na verdade, o melhor momento para iniciar a luta para aceitar e superar a morte não é quando esta ocorre. Nesse instante, a pessoa está fraca, indefesa, desorientada. Em geral, os otimistas, os que têm mais energia, os que se adaptam facilmente a situações novas e os que refletem sobre a própria vida têm um tempo de luto menos longo e menos pesado. Consideram logo a possibilidade de criar novos projetos.

Felizes os que se preparam para as dificuldades com antecedência, armando-se e se fortalecendo durante os períodos de calmaria e de felicidade. Quando ela vier, estarão mais aptos, mais fortes. Os que não o fizeram terão um tempo de recuperação mais longo e precisarão gastar mais energia nessa tarefa; entretanto, também para eles é fundamental procurar apoio nos elementos que facilitam a aceitação das perdas.

Tal preparação demanda:
- Ter uma ocupação ou um trabalho.
- Cultivar uma rede de relações sociais e afetivas com pessoas de diversas faixas etárias.
- Cultivar o bom humor.

- Desenvolver a espiritualidade.
- Desenvolver a flexibilidade.
- Aprender a aceitar ajuda de outros.
- Conhecer-se, refletir sobre o que lhe acontece e reconhecer seus sentimentos.

A psicoterapia facilita o alcance de todos esses objetivos, seja ajudando a pessoa a se fortalecer e a crescer interiormente, seja para aliviar o luto por uma perda significativa.

Ter *uma ocupação ou um trabalho*, ter o que fazer a cada dia é de grande auxílio para ultrapassar os períodos de crise; trata-se de uma forma de desviar a atenção de si próprio e de suas perdas e, ao mesmo tempo, de se sentir útil, produtivo, necessário, o que facilita uma reavaliação das novas condições de vida.

Desenvolver uma *rede de relações sociais e afetivas* com pessoas de faixas etárias diversas; ter contato com os parentes, buscar e afirmar sua posição na comunidade familiar, voltar-se para outros – tudo isso ameniza o desconforto da solidão e da desesperança. Dialogar com os outros permite redimensionar o que é de fato importante e aponta caminhos para se fazer novas escolhas.

Bom humor não tem que ver com otimismo vazio nem com infantilismo, mas com flexibilidade, com segurança pessoal, com uma postura filosófica de desprendimento e com maturidade emocional. É importante lembrar que ironia não se encaixa no que estamos propondo aqui: ela afasta, fecha canais de comunicação, humilha.

Pesquisas têm comprovado os benefícios fisiológicos do bom humor: rir fortalece a função imunológica, reduz a tensão muscular, auxilia na oxigenação dos tecidos e estimula o cérebro a produzir determinadas substâncias químicas que ajudam a relaxar e a reduzir a dor física. No campo da psicologia, estudos comprovam que cultivar o bom humor ajuda a manter o equilíbrio, a conservar os pés no chão. Fazer humor com as próprias perdas e dificuldades é um meio de ganhar poder sobre elas. Quando se busca o lado bem-humorado de uma situação, pode-se considerá-la de novas

Velhice

perspectivas e enxergar além do problema. É claro que ele continua lá, mas não tão dominante nem tão intransponível. Se, por meio do humor, dirigimos a energia para outro foco que não a dor, a força estressante da perda se enfraquece, a tensão relaxa e os pensamentos se ocupam de outros temas além de medo, hostilidade, raiva, culpa, autopiedade.

Pesquisas científicas recentes apontam que a *espiritualidade*, independentemente de sua forma de manifestação, é de grande ajuda para superar momentos difíceis. Lembrando que, para desenvolver a espiritualidade, não é obrigatório ter uma religião. Aqueles cujo lado espiritual foi desenvolvido ficam em situação vantajosa numa crise.

É fundamental desenvolver a *flexibilidade*, também chamada de *resiliência*, para ser capaz de se adaptar a situações novas, embora não planejadas ou não desejadas, em vez de se agarrar a condições que pertenciam ao passado e não vão mais se restabelecer. Aliás, a flexibilidade é fundamental para um desenvolvimento saudável durante todo o percurso da vida e em todas as áreas: corpo, sentimentos, raciocínio, sociabilidade, valores, conhecimento etc. Vem daí minha insistência em conceber cada fase da vida como uma nova paisagem a ser atravessada, um cenário com características diferentes dos já percorridos e também daqueles por onde esse caminho ainda há de nos levar.

Mais uma característica a ser desenvolvida ao longo da vida, e fundamental para superar uma perda, é a *humildade para aceitar ajuda* de outros, sejam parentes, amigos, colegas de trabalho ou profissionais, como um psicólogo. Essa humildade pode ir de perceber e aceitar que precisa de ajuda a ter a simplicidade de aceitá-la quando lhe for oferecida, sem se sentir obrigado a "pagar" por isso – bem como ter a iniciativa e a coragem de procurá-la. Significa reconhecer que o ser humano passa por sofrimentos, embora nada faça para buscá-los nem merecê-los, e que é ao compartilhar a dor com outros que se pode superá-la.

Ainda considero decisivo que a pessoa se empenhe em fazer uma *reflexão* sobre o próprio processo de amadurecimento, o que implica *redi-*

Velhice

mensionar seus objetivos de vida dentro de uma perspectiva de realidade, além de identificar e reconhecer os próprios sentimentos – o que é mais complicado do que possa parecer à primeira vista, uma vez que somos pouco treinados para tanto. Ao compreender que cada fase de vida tem características próprias, com tarefas a ser cumpridas e conflitos específicos a ser resolvidos a cada estágio, pode-se concluir que uma fase não é melhor do que a outra, mas apenas diversa e com possibilidades diferentes. Assim, pensamentos pessimistas ou derrotistas sobre a maturidade e a velhice caem por terra.

DUAS SUGESTÕES

Já falamos sobre as dores da perda e sobre elementos que facilitam atravessar o processo do luto. Certamente, cultivar tais elementos ao longo da vida, quando não se está numa situação de crise, é minha primeira e forte sugestão para quem quiser estar mais preparado para atravessar os momentos difíceis da existência. Para finalizar este capítulo, faço ainda mais duas propostas, para que o leitor se recorde de que há outros recursos práticos que podem ser adotados além dos já mencionados.

Testamento vital

Um grande número de pessoas declara não temer a morte, mas sim o que pode acontecer com elas antes de morrer, sobretudo se não tiverem mais possibilidade de ingerência sobre o tratamento dado ao corpo – por estarem em coma, ou impossibilitados de se comunicar, ou com as faculdades cognitivas rebaixadas. Para muitos, saber que podem deixar diretrizes para seus cuidadores é um alívio. Para os que tomam decisões, sejam médicos, outros profissionais da saúde ou familiares, conhecer a vontade da pessoa e saber que ela está sendo respeitada também é tranquilizador. Para tanto, é preciso que a pessoa, enquanto em plena vigência de saúde mental, deixe tais diretrizes registradas. Essa prática é recente e não muito difundida no Brasil. Tem diversas denominações, sendo mais comumente chamada de "testamento vital", "testa-

Velhice

mento biológico" ou "diretiva antecipada de vontade". Holandeses, espanhóis e norte-americanos, entre outros, estão mais familiarizados com esse procedimento.

Não se trata de disposições a ser tomadas depois que o corpo estiver morto, como ser cremado ou enterrado, onde e como ser velado, quem não pode comparecer ao velório, se haverá flores, como vestir o falecido, ritos religiosos etc. Também não tem nada que ver com disposições relativas aos bens do falecido, para o que temos uma legislação clara. O testamento vital se refere a como você quer que tratem de seu corpo em vida quando não puder mais expressar decisões sobre sua saúde.

Há garantias de que esse testamento será seguido? Infelizmente, não. Intercorrências do acaso podem surgir e desviar os cuidados médicos, que em geral envolvem ressuscitamento, emprego de tubos de alimentação, uso de máquinas respiratórias etc. Porém, na maioria das vezes, e cada vez mais, as medidas expressas no testamento vital costumam ser respeitadas.

Neste livro, não cabe entrar em detalhes sobre como redigir o testamento vital, quem conhecerá seu teor ou que tópicos ele deve abordar. Meu objetivo é simplesmente levar ao leitor uma proposta ainda pouco difundida, mas que pode tranquilizá-lo quanto ao futuro, dando-lhe liberdade de viver melhor o presente. Aquele que se entusiasmar com a ideia precisará despender alguma energia pesquisando e se informando por conta própria sobre o tema. E, sobretudo, refletindo sobre questões bioéticas, filosóficas, espirituais e religiosas, além das político-econômicas, que serão inevitáveis. Aconselho uma consulta às referências bibliográficas deste capítulo e, claro, uma pesquisa no Google.

Psicoterapia

Penso que esse assunto merece algumas linhas a mais, talvez até por eu ter exercido esse ofício por quase 30 anos, como psicóloga clínica, e ser testemunha de seus benefícios. Para mim, mencionar elementos facilitadores para a aceitação de perdas remete logo à riqueza da psicoterapia na fase

Velhice

da velhice. Por meio dela, o velho busca soluções para problemas de épocas anteriores da vida que ele ainda não teve a oportunidade de encarar para resolver. Perdas, envelhecimento e morte, dependendo dos significados que a pessoa lhes dá, podem constituir elementos destruidores ou, ao contrário, tornar-se base para uma sabedoria empreendedora e tranquilizadora, dando significado à existência.

O psicoterapeuta familiarizado com a psicologia da maturidade sabe que negar perdas, em determinados momentos, protege a pessoa de se estilhaçar emocionalmente. Certas perdas são tão dolorosas que fica insuportável encará-las. Fantasiar sobre elas, negá-las impede que se caia em processos de desequilíbrio psíquico. É preciso esperar o momento adequado. Porém, quando se elabora mal ou se nega uma perda, a dor é perpetuada, com as devidas consequências negativas. Por vezes se dá um escape para processos substitutivos, facilitando o surgimento de distúrbios psicossomáticos; o mal mais comumente criado é a depressão.

O psicoterapeuta compreende também que pode haver um movimento pendular entre assumir com consciência e clareza uma perda e, no momento seguinte, negá-la; isso faz parte do processo natural de crescimento interior. Um interlocutor desavisado, sobretudo se sente necessidade de encontrar uma lógica linear que explique os fatos do mundo, talvez fique confuso ou mesmo enganado com tal oscilação.

No processo de terapia é fundamental respeitar as limitações da pessoa, o que não significa deixar de lado o tema das perdas – o avanço ocorre no ritmo em que as defesas do paciente permitirem. A presença do terapeuta e a relação de confiança estabelecida com ele dão ao indivíduo coragem para progredir nessa difícil viagem ao seu próprio interior. Acompanhado pelo terapeuta, é encorajado a considerar o que sente quando evita algo que no fundo sabe que terá de encarar, e também a perceber que dominar o impulso de fugir da dor ameaçadora é possível e lhe fará bem.

Velhice

Por certo, medos e dores não podem estar presentes o tempo todo na mente de uma pessoa saudável. Encará-los exige coragem. Depois de contempladas, reavaliadas e ressignificadas, à luz de critérios adequados à fase da maturidade, as perdas são postas de lado; nem sempre são esquecidas, mas deixam de entravar o cotidiano das pessoas que as sofreram.

Uma das maneiras viáveis de superar perdas é buscar o outro, é se aproximar de outros, é se voltar para o outro, desviando a atenção de si próprio e de seus prejuízos. Ao gastar mais tempo convivendo com familiares, ao procurar entender os objetivos e planos de vida dos que estão próximos, ao levar ao outro aquilo de que ele precisa, a pessoa melhora a comunicação interpessoal, ameniza o desconforto da solidão, redimensiona o que de fato é significativo para ela, diminui a tragicidade da morte e se capacita para aceitar as próprias perdas.

Lendo sobre o dalai-lama na obra Uma força para o bem, de Daniel Goleman, achei interessante saber que certa vez houve uma onda de suicídios entre jovens japoneses. O conselho do dalai-lama à juventude nipônica foi que se voluntariasse para ajudar os necessitados dos países do Terceiro Mundo. Ou seja, o líder espiritual do lamaísmo concorda que, desviando a atenção de ansiedades, preocupações, medos, culpas e frustrações rotineiros, aumentamos nossa energia e a sensação de bem-estar.

Outro processo benéfico consiste em escapulir desse implacável ditame cultural que valoriza os ganhadores, os vitoriosos, os premiados, bem como os estoicos, e, em troca, perceber que crescimentos internos, invisíveis a um olhar desatento e superficial, também fazem parte da natureza humana, embora sejam menos espalhafatosos. Quem se convence disso passa a fazer novas escolhas sobre como quer viver no presente e no futuro e muda o julgamento dos outros, adicionando à raiva ou à amargura outros ingredientes, como a compaixão e a admissão da existência de várias verdades para um mesmo fato. Quem se convence disso também se torna capaz de acolher manifestações de sofrimento alheio sem temê-las nem censurá-las.

Velhice

Sentindo-se mais livre, graças a uma espécie de balanço de vida que o processo psicoterapêutico ajuda a elaborar, o paciente traça projetos de vida pontilhados por progressos e conquistas, aceitando responsabilidades e acolhendo o novo. Tais projetos transformam a experiência cotidiana: partindo de memórias armazenadas e respeitando restrições impostas pela realidade, propõem metas novas, desafiadoras e estimulantes. Muitas vezes há uma retomada de projetos formados na adolescência e deixados de lado por força de contingências alheias à própria vontade, como se estivessem repousando no fundo de uma gaveta, à espera de ser viabilizados.

5. DEPRESSÃO

Em um livro dedicado à compreensão do envelhecimento e à busca de uma melhor qualidade de vida durante a velhice, o tema da depressão merece um capítulo, por algumas razões. Uma delas é a alta frequência com que atinge a população em geral. A incidência não é mais alta entre idosos do que em outros grupos etários; porém, confundida com o envelhecimento natural, a depressão acaba sendo subdiagnosticada nessa fase.

Além disso, predominam a desinformação e a confusão sobre a depressão como distúrbio. No dia a dia, usamos a palavra "depressão" com dois sentidos: um relativo à tristeza normal ("hoje acordei deprimido, mas quando vi que era um dia de sol fiquei bom") e outro relativo ao distúrbio propriamente dito (que não vai embora simplesmente porque o sol está brilhando).

Por fim, como os sintomas da depressão são clínicos e não fisiológicos, há uma tendência a negá-la. "Eu, deprimido? Nunca!" ou "Fulano, deprimido? Que nada! Ele está tão forte como sempre" são frases comuns e equivocadas.

Vejamos a seguir conceitos sobre o assunto para eliminar confusões e ideias sem fundamento científico.

INCIDÊNCIA

Tomando a população em geral, sem discriminação por faixa etária, sabe-se que um de quatro ou cinco indivíduos terá um episódio depressivo em algum momento da vida. Entre essas, as mulheres são as principais vítimas: em três pessoas com depressão, duas são mulheres. Essa proporção se mantém até os 65 anos; depois, a frequência entre os sexos se iguala. A Organização Mundial da Saúde (OMS) prevê que em 2020 as duas principais enfermidades que acometerão o ser humano são as doenças cardíacas e, em seguida, a depressão. Entre os brasileiros adultos, calcula-se que 6% a 8% sofrem desse mal, mas o número deve ser maior, pois muitas pessoas simplesmente não sabem que têm depressão.

É preciso olhar para esses dados numéricos com certa cautela. Seria a diferença entre homens e mulheres mesmo tão grande? Ou a sociedade dá mais permissão a elas para expressar sintomas e procurar ajuda profissional, de modo que elas se evidenciam e são computadas nas contagens estatísticas?

Outras perguntas podem ser feitas diante de levantamentos estatísticos de frequência: se há relação com heranças genéticas e ascendências culturais; se se trata de população urbana ou rural; em que condições de saúde, segurança, higiene, alimentação e poluição atmosférica vivem os sujeitos pesquisados.

Questionamentos à parte, um fato se mantém: o distúrbio depressivo se manifesta em todos os estágios da vida, não sendo "privilégio" da velhice. Os sintomas são os mesmos em jovens e em idosos. Porém, na velhice ele pode ser *mascarado*, por estar misturado a outros males; pode ser *negado* pelo próprio idoso, ou pelos familiares, por resistência à ideia de ter um distúrbio não só físico como emocional.

Nesse ponto, entra uma carga pesada de preconceitos e desinformação, infelizmente ainda presente em nossa cultura: muitos ainda se atêm à crença do século 19 de que tratamento psicológico é para doidos ou fracotes – ambas categorias de pessoas absolutamente desprezíveis e moralmente deficientes (por incrível que pareça!).

O distúrbio depressivo ainda pode ser *subdiagnosticado* por se achar que os sintomas que a pessoa apresenta são apenas expressão do envelhecimento; há quem acredite que o velho se torna rabugento, desanimado, antissocial, emotivo ou irritadiço pelo simples fato de envelhecer. O próprio idoso, ao se perceber deprimido, pensa ser algo inerente ao envelhecimento e se recolhe cada vez mais. Para algumas famílias, é até conveniente que o velho fique em depressão: assim ele não faz exigências, não gera despesas, não "perturba"... Porém, é cruel deixar sem tratamento alguém que pode voltar a viver tão intensamente quanto antes apenas porque se conclui que esse alguém é velho e a vida é assim mesmo. Depressão é um distúrbio; velhice não.

O QUE É E O QUE A CAUSA

A depressão é um distúrbio do humor. Isso significa que a parte cognitiva da pessoa fica preservada, mas os afetos são rebaixados. Instala-se um sentimento generalizado de indiferença.

Quando a estrada da vida introduz novas paisagens, a pessoa pode se desinteressar de coisas que antes a animavam, causando certo estranhamento entre os seus próximos ao substituí-las por novos interesses. A mulher que durante 30 anos foi grande dona de casa e cozinheira habilidosa agora se recusa a ir para o fogão e a esfregar o rejunte dos azulejos – o que não significa que ela tem depressão! Ela pode estar centrando forças em outra coisa, como cuidar de si, vivenciar o lazer, aprender, socializar... Porém, se ela perde o interesse por tudo, coisas que a empolgavam agora lhe são indiferentes e o seu entusiasmo pela vida não é preenchido com nada novo, é preciso descobrir se se trata de um distúrbio depressivo. Não é por ser velho que se vai ver a vida como um entediante filme cinzento, cuja trama e cujo final não interessam. Depressão é um distúrbio tratável! Como já dissemos, não devemos confundi-la com o luto, vivência natural e necessária diante de uma perda.

É muito difícil identificar as condições desencadeantes da depressão antes que ela se instale; em geral, elas são reconhecidas apenas em retrospectiva. É preciso haver uma combinação propícia de fatores: *genéticos* (há uma tendência genética à depressão, não que ela seja transmitida de pai para filho); *ambientais* (por exemplo: sua incidência é maior entre os desempregados e entre os sobreviventes de guerras); e *psicológicos* (dores provocadas por perda ou por humilhação são os gatilhos mais comuns).

Como já vimos, perdas não são fatos objetivos: tudo depende de como a pessoa interpreta determinado acontecimento. O que é perda para uma pessoa pode não ser para outra. Por exemplo: com o envelhecimento, as funções físicas modificam-se e, em geral, são interpretadas como perdas. Aquele que, ao longo da vida, deu muito valor às capacidades do seu corpo, orgulhou-se delas e não se preparou emocionalmente para viver com menos recursos físicos pode considerar essas limitações bastante pesadas. O processo de se perceber fisicamente em evolução é tão importante para o velho que mais à frente teremos um capítulo sobre o corpo.

É bom reafirmar: há grandes diferenças individuais entre os idosos. As formas de reagir a condições desencadeantes de uma depressão variam muito de pessoa para pessoa.

Então, proponho que deixemos a descoberta de causas para pesquisadores treinados, com recursos técnicos sofisticados, aptos a lidar com grupos grandes e por tempo longo. Claro que devemos nos apropriar das conclusões a que forem chegando, pois elas serão fundamentais na prevenção; porém, para fins práticos, diante de um caso individual, o que mais interessa não é o que causou a depressão, mas o diagnóstico correto e o que fazer para tirar a pessoa desse estado.

TIPOS

Como distúrbio, a depressão costuma apresentar uma gradação, indo de sintomas leves a bem fortes, incapacitantes mesmo.

Entre outros, são indicadores de algum tipo de depressão: queixas somáticas sem nenhum dado físico ou de laboratório que as explique; queixas de que os distúrbios somáticos são mais suaves de manhã cedo do que no correr do dia; uso de expressões verbais depressivas; pensamentos recorrentes sobre morte; episódio prévio de depressão, no qual apareceu o mesmo tipo de queixa somática; existência de distúrbio depressivo em membros da família.

Pensamentos sobre morte – a própria ou a dos outros – quase sempre acompanham os estados depressivos. Na depressão leve, também conhecida como distimia, a ideia de morte aparece como algo a ser temido e evitado, algo não desejado. Em depressões profundas, pode se transformar num querer morrer, havendo risco efetivo de suicídio. A pessoa com uma depressão profunda não se importa com mais nada, não vê razões para permanecer vivendo. Talvez isso esteja relacionado à morte de parentes e amigos, mas há outros fatores causadores, sociais e emocionais.

Por vezes, não se consegue identificar nenhum fator externo que justifique a instalação de uma depressão ou a ocorrência de um suicídio. É importante saber dessa tendência. De um lado, a própria pessoa em depressão pode evitar ocasiões e meios que favoreçam o suicídio; de outro, os que convivem com ela tomam cuidados específicos para evitá-lo – não deixando a pessoa só, afastando objetos perigosos, protegendo janelas, por exemplo.

Nesse contínuo – que vai do tão leve que é difícil reconhecer ao tão forte que a pessoa se torna incapacitada para ações simples – podemos identificar tipos de depressão, que descrevemos a seguir.

A depressão *leve* ou *normal* é uma reação saudável de adaptação a uma perda ou humilhação. Os sintomas mais comuns são: rebaixamento do humor, sentimentos de culpa, arrependimento, vazio, tédio, pensamentos recorrentes sobre morte. Porém, a rotina cotidiana continua a ser cumprida, embora sem o entusiasmo de antes. O sentimento de esperança não desaparece. A tendência é que essa depressão se cure sozinha. O apoio psicoterapêutico é indicado, pois alivia dores e abrevia o tempo de retorno ao normal, além de ser um bom pretexto para fazer um balanço de vida, mas não é imprescindível. A depressão leve dura em torno de dois a três meses a, no máximo, seis; se passar disso, é provável que tenhamos distimia.

Velhice

O indivíduo pode ter *distimia* (também chamada de *depressão menor, depressão crônica* ou *neurose depressiva*) por anos sem que ninguém se dê conta. Em geral, o distúrbio começa antes dos 25 anos. Como seus sintomas – os mesmos da depressão normal e da depressão maior – são leves e se prolongam no tempo, acabam confundidos com traços de personalidade. A pessoa é tachada de pessimista, negativa, irritadiça, antissocial, com dificuldade de se concentrar e de tomar decisões, mas nada disso faz parte de verdade da personalidade dela.

O diagnóstico da distimia é delicado, sendo ainda mais difícil no velho, porque se faz aquela confusão entre envelhecimento e distúrbio. Quase sempre há resistência em aceitá-lo, graças a crenças falsas sobre distúrbios que comprometem o lado emocional, como já mencionamos. Apresento a seguir alguns critérios para que o leitor tenha um parâmetro, sempre relembrando que o bom profissional é quem realiza o diagnóstico:

- Ânimo depressivo, relatado pela pessoa ou observado por outros, pelo menos na maior parte do dia, em mais dias com o sintoma do que sem ele por, pelo menos, dois anos.

E ainda ao menos dois dos seguintes sintomas:
- Apetite excessivo ou inapetência.
- Falta ou excesso de sono.
- Baixa energia ou fadiga.
- Baixa autoestima.
- Dificuldade de concentração ou de tomar decisões.
- Sentimentos de desesperança.
- Sensação de grande aflição ou letargia na rotina cotidiana.

E também apresentar:
- Por dois anos, nenhum período superior a 60 dias sem sintomas.
- Nenhum episódio de depressão maior durante os dois primeiros anos.
- Ausência de episódios maníacos.
- Ausência de outra doença mental (como a esquizofrenia).

- Ausência de substâncias (drogas ou remédios) ou de condição médica geral responsável pelos sintomas.

Na *depressão maior*, também chamada de *severa* ou *clínica*, os sintomas variam demais de pessoa para pessoa, mas há alguns denominadores comuns – entre eles experimentar grande aflição ou rebaixamento em áreas importantes, como a ocupacional e a social. A pessoa se sente triste, vazia, chorona, e perde o prazer e o interesse por atividades costumeiras, das quais antes gostava. Pode ser acompanhada de perda de energia, fadiga, ou de agitação e irritabilidade. Surgem sentimentos de inutilidade, culpa, baixa autoestima, além da descrença na possibilidade de se recuperar; são recorrentes pensamentos sobre morte, dos outros ou de si próprio, incluindo ideias suicidas.

Para diagnosticar a depressão maior, os profissionais, além do exame clínico, utilizam um roteiro que indica que, ao menos por duas semanas consecutivas, pelo menos cinco desses sintomas tenham se instalado:

- Humor rebaixado (sentir-se triste, vazio ou chorão).
- Perda marcante do prazer ou do interesse em atividades de rotina.

É preciso, ainda, ter pelo menos quatro destes sintomas:
- Modificação significante no apetite; perda aproximada de 5% do peso normal em um mês (ou, ocasionalmente, ganho de peso).
- Distúrbios do sono (insônia ou excesso de sono).
- Agitação ou grande diminuição na atividade muscular normal.
- Falta de energia ou sentir-se fatigado praticamente o dia todo.
- Sentimentos de inutilidade, culpa e baixa autoestima.
- Diminuição na capacidade de se concentrar, raciocinar ou decidir.
- Pensamentos recorrentes de morte ou suicídio.

Apenas a título de curiosidade, deixando os detalhes para os profissionais de saúde, a depressão maior tem subtipos: melancólica ou neurótica, psicótica ou agitada, atípica etc. – além da depressão dupla, quando um episódio de depressão maior se instala em alguém que já é distímico.

SUGESTÃO

A depressão pode e deve ser tratada – o que se faz com antidepressivos, que atuam no cérebro, e com psicoterapia, que atua no emocional. Os antidepressivos só podem ser indicados por um médico – de preferência psiquiatra, que os estuda e conhece mais a fundo que médicos de outras especialidades. Quanto à psicoterapia, vamos evitar nos repetir, pois no Capítulo 4 já falamos dela como proposta para lidar melhor com lutos e perdas.

O diagnóstico deve ser feito por um profissional, psiquiatra ou psicólogo, que estuda o assunto e tem treinamento para realizar as distinções necessárias e para encaminhar a pessoa ao tratamento mais adequado. Alguns critérios objetivos, como citamos, facilitam o diagnóstico, mas cada caso é um caso.

Às vezes, o próprio indivíduo – com mais frequência os que convivem com ele e o observam – levanta a hipótese de depressão. Não é fácil conviver com a pessoa que tem o distúrbio, pois ela é pesada, negativa. Porém, ao criar um ambiente de leveza, luz e alegria, jamais abrindo mão da esperança, os familiares aumentam a motivação do paciente de se tratar e vencer o distúrbio. O papel principal da família é incentivar a busca de ajuda e acompanhar a adesão da pessoa ao tratamento. O deprimido pode não ter ânimo para fazê-lo por si só, pois não dispõe de reserva de energia – e também porque não acredita que possa voltar a ser o que era.

Essa é minha principal proposta. Não se brinca com depressão, pois muitos aborrecimentos secundários podem derivar dela. Além disso, existe tratamento profissional para combatê-la.

Algumas medidas interessantes – ainda que paliativas – podem ser tomadas e sem dúvida aliviarão o sofrimento que a depressão causa, apressarão os bons resultados do tratamento e ajudarão a prevenir esse mal. São pequenas providências que não atacam o cerne da depressão, mas funcionam na mesma direção do tratamento e fazem diferença. Entre elas, cito atividades ligadas ao *corpo*, a saber: andar a pé, uma medida excelente; meditar regularmente, de preferência todo dia; práticas que favoreçam o desenvolvimento da consciência corporal, como *lian gong, tai chi chuan*, ioga, harmonização do corpo sensível; massagem; qualquer estilo de dança, seja de passos folclóricos, danças circulares, de salão, sapateado etc.; fazer um esporte, como natação ou hipismo, de preferência que obrigue a exercícios aeróbicos.

Também auxiliam providências que tornem o *ambiente* físico do dia a dia incompatível com o estado depressivo. Abolir a meia-luz e substituí-la por muita claridade; tomar sol; encher o ar de músicas alegres, cantando junto, de preferência dançando também; nas roupas de corpo, nos lençóis e toalhas, nos alimentos e sucos que vão à mesa e nas flores da sala devem-se evitar tons tristonhos, como branco/preto/cinza, marrom, azul-marinho. Amarelo, verde cítrico, vermelho, laranja, azul-índigo e outras cores vibrantes são mais indicadas.

Há também *medidas comportamentais* aconselháveis: filmes, programas de TV, livros, música, notícias de jornal, pessoas... Porém, se estes evocarem sentimentos pesados, pessimistas e melancólicos, devem ser eliminados do dia a dia!

Por fim, recomendo que se busque acumular o máximo de informações sobre a depressão, além de conversar muito sobre ela e sobre as propostas para combatê-la. Se você está numa guerra, precisa de munição!

6. O CORPO VELHO

CONSIDERAÇÕES SOBRE O CORPO ENVELHECIDO

O leitor que se lembra da imagem proposta no Capítulo 2, de uma estrada que percorre diferentes paisagens, simbolizando o percurso da vida, entenderá que prefiro considerar a velhice uma época tão propícia para a pessoa se desenvolver quanto qualquer outra. Mesmo havendo limitações físicas – pois é no corpo que marcas da velhice aparecem com mais evidência – as tarefas psicológicas continuam a se mostrar, à espera de ser completadas.

Como seres vivos, sofremos até certo momento um desabrochar das estruturas fisiológicas e, em seguida, um natural e gradual encolhimento e enrijecimento das várias partes do corpo e de suas respectivas funções. Nem todos os sistemas envelhecem de modo harmônico, havendo ainda grandes diferenças individuais no ritmo desse processo. Pode-se ter, por exemplo, o aparelho circulatório em ótimas condições e a pele ressecada e enrugada, ou uma lentificação cognitiva mas dentes e olhos em excelente estado. Tudo depende da herança genética, da alimentação, do nível de estresse cotidiano, da qualidade do sono, da salubridade do ambiente etc. A medicina tradicional, a medicina ortomolecular, a biologia molecular e áreas semelhantes têm realizado sensíveis progressos no sentido de diminuir o ritmo desse processo de degradação ou até mesmo de revertê-lo; porém, o milenar sonho da eterna juventude ainda não parece possível.

(Neste ponto, vou evitar a tentação de mergulhar numa discussão polêmica sobre se seria desejável viver sempre sob as mesmas condições físicas experimentadas na juventude, se seria conveniente conquistar a imortalidade e outros pontos similares. Embora seja assunto bastante provocativo, controverso e complexo, que implica áreas do conhecimento como filosofia, ética, bioética, religião e economia, aqui vou me ater apenas ao que hoje é viável para o ser humano.)

Não há como escapar do fato de que temos um corpo e de que esse corpo envelhece. O envelhecimento físico é um processo inexorável próprio do ser vivo. Progride gradualmente e ocupa um longo tempo da duração de vida de um corpo. É bom relembrar que envelhecimento é uma coisa, doença é outra: evitemos a falácia de que o envelhecimento deve ser curado.

Doenças, limitações físicas e morte ocorrem em qualquer idade. Há velhos que desenvolvem patologias capazes de cercear severamente sua independência física, assim como existem os que se mantêm com saúde, autonomia e ativos. Alterações fisiológicas – enfraquecimento do coração,

Maria Celia de Abreu

"Quando, aos 40 anos, fiz minha primeira visita à dermatologista, ela sugeriu que eu realizasse uma série de procedimentos para rejuvenescer: correção nas pálpebras, preenchimento dos lábios, botox na testa... A consulta, que já era cara, ficou mais onerosa ainda porque provocou uma crise existencial que durou um ano. Eu me sentia culpada por estar envelhecendo! Mergulhei fundo nessa crise, saí dela e comecei a brincar com o meu processo de envelhecimento. A fim de criar uma resistência política lúdica, inventei o grupo Coroas, para todos aqueles que querem envelhecer em paz. O Coroas faz parte do meu projeto de vida, que é lutar contra os estigmas e preconceitos que cercam o envelhecimento. É a primeira vez que me sinto livre para ser eu mesma, para rir de mim. Aprendi a gostar dos meus defeitos e imperfeições. É o melhor momento de toda a minha vida."

Mirian Goldenberg
Antropóloga, escritora e professora

Velhice

endurecimento dos vasos sanguíneos, diminuição da capacidade pulmonar, lentificação dos reflexos e das respostas motoras, perda da coordenação motora e do equilíbrio, enfraquecimento dos ossos, comprometimento das articulações, dificuldades de memorização, mudanças no impulso sexual, perda da acuidade dos sentidos etc. –, se encaradas com naturalidade e ativamente suavizadas com os recursos de ciências como medicina, fisioterapia, nutrologia e fonoaudiologia, não precisam ser motivo de desânimo, desespero ou revolta contra o próprio corpo.

É sensato ter um bom relacionamento com o próprio corpo, uma vez que não podemos viver sem ele. Nossa singularidade e nossa identidade dependem de um corpo para se expressar. Emoções, sentimentos, valores, conhecimentos, experiências, tudo que compõe uma história de vida é alcançado por meio de várias funções do corpo, e fica de alguma forma nele registrado.

Quem vive no século 21 é exposto a uma verdadeira ditadura: há um modelo físico idealizado, e quem não se ajusta a ele não tem boa aceitação social. Beleza e juventude são tratadas como valores inseparáveis entre si e imprescindíveis para quem quer ter sucesso e felicidade – e ter sucesso e felicidade, segundo essas normas, é um postulado, uma afirmação que não é passível de contestação. Convém à economia baseada no consumo popularizar esse grilhão de beleza e juventude, o que leva a mídia a difundi-lo à exaustão. Dá-se a exploradora comercialização de uma imagem ilusória, perversa:

"Envelhecer é uma merda.
E não me venham com o papo de sabedoria, não.
Envelhecer é muito cansativo.
Por tudo isso que eu não saio da envelhescência, que é uma adolescência de trás pra frente.
Tou quase chegando no ginasial.
Espinhas na bunda.
E um tesão de amadurecer enorme.
Enviado do meu iPhone."

Mário Prata
Escritor, dramaturgo, cronista e jornalista

Velhice

no âmbito do indivíduo, porque falsa; no âmbito do social, porque acirra diferenças entre classes que dispõem ou não de recursos para ter acesso a procedimentos capazes de disfarçar o envelhecimento do corpo. Valoriza-se o corpo atlético, magro, bem-acabado – embora a maioria das pessoas não seja assim – e, sobretudo, jovem, desprezando a evidência de que com o passar do tempo o corpo necessariamente envelhece! Tais valores são coerentes com uma cultura baseada em uma economia individualista e competitiva, que promove quem é produtivo, bem-sucedido, independente, bonito e... jovem.

O velho, influenciado por tais padrões, não se percebe desejável nem atraente. Passa a se autodesvalorizar e a repudiar a si mesmo, sem se dar conta de que é natural que o corpo envelhecido tenha referências diferentes das que vigoram para o corpo jovem. A perda dos traços da juventude pode ter um impacto fortíssimo no emocional de alguns envelhescentes. Por outro lado, interfere na maneira como os outros percebem o velho e se dirigem a ele. Insinua-se que sinais de velhice no corpo indicam uma espécie de fraqueza moral, como se fosse possível controlar o processo por meio de esforço e disciplina. Para não ser visto de forma pejorativa e não ser alijado da participação na sociedade, o velho pode rejeitar os traços que o denunciam como tal, negando-os, reprimindo-os, disfarçando-os.

Muitos, diante da forte necessidade de ser aceitos, recorrem desesperadamente à parafernália de recursos que investem na aparência exterior: cirurgias plásticas ilógicas, técnicas variadas de efeito duvidoso para manter a beleza, regimes alimentares estranhos, exercícios físicos exagerados – mesmo arcando com um alto custo (financeiro e de energia). Outros conseguem se livrar da ditadura desses padrões estéticos de juventude e vivem a velhice inteiros, harmônicos; cuidam do corpo, sim, mas com o objetivo de mantê-lo em funcionamento, o que garante melhor qualidade de vida. Compreendem que não é possível congelar um momento da vida, que tentar congelar um só dos

Velhice

aspectos do ser humano, o físico, é tarefa inglória que leva à derrota certa.

Assim, é preferível aceitar as transformações do corpo com tranquilidade e bom senso, empenhar-se em mantê-lo saudável e flexível e descobrir novos padrões de beleza para essa etapa da vida em vez de lutar contra ela. É de mais bom senso desenvolver a jovialidade do espírito!

UM EXEMPLO ELOQUENTE: A MODA

A título de exemplo, vamos considerar o fenômeno do vestuário, que explicita como as possibilidades de aceitação e valorização do corpo são concretizadas.

A moda expressa os valores de um grupo cultural e de determinada época. A moda revela a personalidade da pessoa, atuando como elemento intermediário entre ela e os outros – ou seja, os outros vão tirar conclusões sobre ela observando como se veste. Velhos de 80 anos deste início de século 21 expõem mais o corpo e se vestem com mais liberdade do que os de 40 na metade do século 20, em decorrência de todos os progressos da ciência, da tecnologia, da medicina e das modificações em valores sociais e religiosos. A ditadura do corpo jovem aparece com clareza nesse campo, e isso influi na escolha que o velho faz de sua indumentária: algo que não transmita a imagem de que ele é velho...

Quanto à estética, ao gosto de cada um e ao conceito de elegância, trata-se de conceitos individuais. A discussão sobre o que é adequado e o que é proibitivo para idosos vestirem é instigadora, mas entrar por esse caminho nos levaria a digressões, quando queremos apenas dar um exemplo. Deixemos que os "personal stylists", com seu manejo competente de formas, proporções, cores e texturas, nos indiquem o que é mais adequado para cada tipo de corpo, em que ocasião e para qual subgrupo.

Além da estética, há a questão funcional do vestuário. Com frequência ouvimos reclamações de velhos, sobretudo de velhas, sobre a dificuldade de encontrar em confecções algo que os satisfaça, confirmando que esse grupo etário não é

Velhice

valorizado. A distribuição de gordura é diferente no corpo jovem e no corpo velho, a flexibilidade diminui, os movimentos motores finos são dificultados. Tais características pedem uma modelagem um pouco diferente daquela feita para jovens:

> "Outro dia, ao estacionar o carro em um shopping, senti-me feliz porque, em breve, poderei usufruir da regalia das vagas para idosos. A vida é surpreendente: passei a juventude rindo da piada: 'Depois dos 60, quando você acordar, colocar o pé no chão e não sentir nenhuma dor, é porque está morto'. Hoje, já percebendo algumas 'dores', sinto-me mais vivo do que nunca. A idade madura, ou a melhor idade, ou a terceira idade, ou a velhice, imagino, pode trazer grandes benefícios, desde que seja vivida de forma saudável, harmoniosa e produtiva. Cada um à sua maneira. Será o momento de priorizar seus caminhos e o tempo. Se for preciso, será preciso recomeçar ou, ainda, iniciar algo novo."
>
> **Edson Celulari**
> *Ator*

peças sem botõezinhos abundantes e minúsculos, roupas que não exijam girar os braços para trás para ser vestidas e outros detalhes que fazem toda diferença. Os acessórios também pedem adaptações semelhantes do ponto de vista funcional. Calçados são fundamentais para dar estabilidade e conforto ao corpo do velho.

Entretanto, e bem recentemente, umas poucas confecções e alguns fabricantes de calçados, com uma visão de mercado mais progressista, perceberam que o velho cada vez mais é um grupo numericamente significativo, portanto, consumidor (como insistimos no Capítulo 1), constituindo um nicho de mercado a ser explorado.

MEDIDAS QUE FAVORECEM O BOM
ENVELHECIMENTO DO CORPO

O ser humano é um todo indivisível: cada parte influi sobre as outras e é por elas influenciada. Determinantes históricos e culturais também moldam as manifestações do nosso corpo, bem como a he-

Velhice

rança genética, havendo pouco ou nenhum controle sobre esses fatores. Porém, há iniciativas que cada um pode tomar para garantir uma velhice com mais qualidade. É saudável escapulir da ditadura da nossa época, com suas normas rígidas, que regem a aparência e as atividades do corpo. Vejamos algumas dessas possíveis providências.

É fundamental fazer um trabalho para tornar a consciência corporal o mais precisa e ampliada possível. Ao apurar a consciência do corpo, a pessoa entra em contato com todo o seu ser, com ideias, sentimentos, aprendizagens, valores, hábitos, pensamentos – quase sempre de maneira mais eficaz do que com palavras, pois os indivíduos hábeis no manejo da linguagem podem mascarar realidades presentes nelas, atendo-se apenas ao plano intelectual. Ao se aperceber de seu corpo, trazendo-o à consciência, a tendência é de cuidar melhor dele. Recusar-se a aceitar o próprio corpo leva a pessoa a abandoná-lo e destruí-lo, quando poderia, aceitando-o, extrair dele sabedoria e prazeres – duas formas de proteção contra doenças.

Maria Celia de Abreu

Também é preciso refletir sobre o processo de envelhecimento e sobre o conjunto de fases que compõem o percurso da vida e identificar os aspectos em que há campo aberto para continuar a crescer e melhorar, embora mais da metade do tempo útil de sua presença sobre a face da Terra já tenha se escoado. Tal reflexão exige honestidade consigo mesmo e coragem, pois pode levar a descobertas dolorosas. Equivale à vivência de um luto: houve uma perda importante, no caso, de características do próprio corpo, das quais gostávamos, nos orgulhávamos ou simplesmente com as quais estávamos acostumados. Ao vivenciar o luto em vez de fugir dele, o inconformismo, a revolta e a dor dessa perda são superados e novas perspectivas se abrem. A beleza da juventude é substituída por um novo conceito de beleza, determinado por critérios diferentes.

A independência dos movimentos é extremamente prejudicada pelo desuso – ou pelo mau uso – do corpo. Mantê-lo funcionando e flexível, com alongamento, musculação e exercícios aeróbicos, é uma ótima ideia. Cuidados médicos e ortodônticos preventivos entram nessa categoria.

A qualidade "mágica" é a flexibilidade, também chamada de resiliência, que precisa ser insistente e ativamente buscada, não só para o corpo como para a mente, como afirmei em capítulos anteriores.

Não somos formados por partes estanques, mas por sistemas que se comunicam e se influenciam mutuamente. Sempre é tempo de desfazer antigas programações mentais que ficam impressas no corpo, advindas de uma má compreensão dos processos fisiológicos naturais e de conflitos não trabalhados na consciência – tudo isso acaba cerceando a naturalidade de expressão do corpo. Ao se liberar dessas programações e pressões, qualquer pessoa, velhos inclusos, constrói uma melhor percepção de si, aumenta a sensação de bem-estar, vivencia o prazer da liberdade interior e melhora a saúde.

As escolas não ensinaram o velho a cuidar de seu corpo. Ele precisa se empenhar nesse aprendizado, procurar orientações e optar pelas possibilidades mais proveitosas. São necessários esforço e tempo, sem preguiça. A busca desses caminhos precisa ser feita pelo próprio idoso. Profissionais podem ajudar, mas não cabe a eles a responsabilidade por desfazer repressões acumuladas e aumentar a energia e a flexibilidade do corpo. Com mais energia, enfrentamos melhor as situações; com mais flexibilidade, adaptamo-nos melhor às paisagens que a estrada da nossa vida for atravessando.

Se o corpo evoluir para uma fragilidade tal que se faça necessária a ajuda de outros para as tarefas cotidianas, é necessário estar preparado para aceitar essa dependência sem revolta nem desespero, com serenidade e confiança. Este pode ser um momento adequado para o leitor rever a proposta das tarefas psicológicas de Erik Erikson que resumi no Capítulo 3, em especial a fase da gerotranscendência.

O grande objetivo ao trabalhar o corpo é ter saúde e autonomia para levar a vida com a melhor qualidade possível.

Velhice

SUGESTÕES

Inúmeras pesquisas evidenciam os benefícios da atividade regular para a saúde física, emocional e social do velho. Levando em conta as condições físicas, socioeconômicas, geográficas e biológicas, cada um optará pelas atividades que lhe parecerão mais propícias. O importante é que os exercícios físicos sejam praticados, não importa se na forma de dança, hidroginástica, caminhada, ioga, academia, esportes ou outra modalidade. O fundamental é praticá-los disciplinada e rotineiramente!

Na verdade, essas sugestões já devem ser conhecidas do leitor, porque são sempre recomendadas por fontes diversas. Então, quero sugerir outras duas possibilidades menos divulgadas, mas muito interessantes. Referem-se a cuidar de partes do corpo cujo funcionamento decai porque não se dá a elas a devida atenção, mas que, com exercícios simples e viáveis, recuperam a tonicidade e as funções de seus músculos: refiro-me à ginástica facial e ao fortalecimento do assoalho pélvico. Ambas servem tanto para homens como para mulheres e trazem benefícios em todas as idades.

Nosso rosto é nosso cartão de visitas, nossa primeira ponte de comunicação com o outro. Este nos decifra lendo nosso rosto antes de captar outras informações. Com exercícios de fortalecimento da musculatura da face, que definem seus contornos, é possível atenuar rugas e outras marcas do tempo; a circulação sanguínea é ativada, bem como a produção de colágeno e elastina – em consequência, a pele melhora. Se você acha que um rosto com aparência firme e harmoniosa fará bem para seus contatos sociais e para seu lado emocional, sugiro que aprenda esses exercícios e – agora vem a parte mais difícil – incorpore-os à sua rotina diária.

A segunda sugestão se refere ao fortalecimento do assoalho pélvico. A parte inferior do tronco humano não tem ossos; quem suporta o peso dos órgãos internos é a musculatura do períneo. Se enfraquecida, instala-se a incontinência urinária, ou seja, a perda involuntária de urina. É um problema sobre o qual muito pouco se fala, em-

Velhice

bora seja mais frequente do que se imagina e acometa velhos e jovens. Esportistas jovens convivem com isso. No Brasil, estatísticas registram que cerca de 10% da população tem incontinência. Há tratamentos cirúrgicos, farmacológicos e fisioterápicos, feitos por profissionais especializados. Porém, a boa notícia é que alguns exercícios simples fortalecem a musculatura pélvica e previnem a incontinência, chegando mesmo a reverter casos mais simples dessa disfunção. Assim, mesmo que você não tenha incontinência, aprenda esses exercícios com um fisioterapeuta especializado (o bom profissional é determinante, pois se os movimentos forem malfeitos podem facilitar a incontinência). E, claro, pratique-os com disciplina.

7. A SEXUALIDADE NA VELHICE

O TABU

Quando tocamos no assunto do envelhecimento, outro tema sempre lembrado – embora nem sempre explicitado – é a sexualidade. Rodeado de tabus, preconceitos, julgamentos e mistérios, pode ser embaraçoso para muitas pessoas.

A sexualidade tem um componente fisiológico, facilmente identificado, mas também precisa ser considerada da ótica dos sentimentos e das emoções, da espiritualidade, da religião, de valores. É fortemente influenciada pelo tempo histórico e pela cultura, fatores que moldam suas manifestações.

Quem nasceu na primeira metade do século passado passou pela revolução de costumes trazida pela descoberta da pílula anticoncepcional na década de 1960. Depois, assistiu à trágica disseminação da aids, que obrigou a sociedade, representada sobretudo pela família e pela escola, a comentar assuntos antes considerados impublicáveis, como o uso da camisinha.

Entretanto, mesmo sofrendo fortes abalos como esse (há outros), constata-se que o tema da sexualidade permanece cercado de tabus. Sabemos que o assunto "envelhecimento" também carrega sua cota de desinformação e de preconceito. Quando se juntam os dois, a situação só piora. Nossa sociedade progrediu em relação a inúmeros temas, mas ainda não lida bem com a sexualidade do velho.

A FALTA DE INFORMAÇÃO

Um dos fatores que me levaram ao estudo do envelhecimento foi justamente a constatação da desinformação a respeito da menopausa, com base

Velhice

em minha experiência pessoal. Como mencionei, tive uma menopausa precoce – aos 47 anos – e atípica – repentina, sem o "ralentando", que costuma durar meses. Isso ocorreu em 1991, e de lá para cá as pessoas se tornaram mais informadas e menos preconceituosas, mas penso que mesmo assim vale o relato. Em rodas de conversa com amigos, todos de excelente nível cultural – entre eles acadêmicos titulados em áreas de ciências humanas e educação, –, mencionei o que me aconteceu. Algumas reações foram surpreendentes. Houve quem me perguntasse, num tom sussurrante, como eu me sentia; outros mencionaram os fogachos como se estivéssemos trocando confidências sobre um tema proibido. Houve quem me aconselhasse a não deixar meu marido saber! Feita a constatação de que essa era uma área desconhecida – mesmo para pessoas cultas – e percebendo que eu própria sabia pouco do assunto, comecei a ler tudo que encontrei sobre menopausa. Descobri que não só a mulher, mas também o homem envelhece e passa por transformações, sendo a menopausa apenas um dos fenômenos do envelhecimento. Daí derivei para o estudo do envelhecimento como um todo, campo que me interessa até hoje.

Nos últimos 25 anos, diversos aspectos da sexualidade do velho vêm sendo abordados na mídia, o que indica o reconhecimento de sua importância e de sua popularização. Entretanto, creio que ainda haja muito a divulgar sobre menopausa e suas consequências, ereção, uso adequado da pílula masculina, possibilidade de transmissão de doenças, orgasmo e outros temas correlatos. Fica a sugestão para que outros autores esclareçam esses assuntos.

QUANTIDADE VERSUS QUALIDADE

Além da desinformação e dos tabus, há outros entraves. A ideologia do consumo e do descartável permeia o comportamento atual, como já afirmamos, e sua influência sobre sexualidade e sexo não é exceção. O que o adulto jovem aprendeu, o que a cultura ensina que ele deve valorizar, é a eficiência, o desempenho rápido e direto, medido em números – frequência, tempo de duração, centímetros, número de parceiros... Valoriza-se o sexo, muito mais que a sexualidade. O jogo de sedução, o prazer da conquista difícil, a intimidade, a criatividade, a cumplicidade, o lúdico – em uma palavra, o exercício da sexualidade – não são privilegiados e farão falta na velhice, quando o prazer do ato sexual em si tende a ser substituído pelo prazer da sensualidade. Isso não significa que velhos e velhas não pratiquem sexo. A incidência da aids em homens e mulheres idosos, que recentemente cresceu muito, revela a existência, acobertada e dissimulada, de atividade sexual nesse grupo etário.

A evolução da sexualidade ao longo da vida passa por modificações e adaptações, como todas as outras funções do corpo e da mente. Não é por ser velho que há necessidade de abdicar de uma atividade sexual ativa e prazerosa. Para tanto, a história de vida conta muito: quem sempre foi capaz de criar relações de intimidade e prazer vai continuar a fazê-lo na velhice. Quem, quando adulto jovem, dava ao sexo grande importância provavelmente continuará a fazê-lo quando idoso, embora com adaptações. O exercício da sexualidade e a prática do sexo dependem de como foram vividas as fases anteriores – e de como foi cultivada a capacidade de se adaptar ao novo. Sempre colhemos o que já semeamos.

SEM EROTISMO?

Com o envelhecimento do corpo, que implica uma reorganização dos hormônios, e contra o que não há vitória possível (embora haja tratamentos exageradamente artificiais ou agressivos), costuma haver um declínio no interesse e na frequência das atividades sexuais. Para alguns, isso causa grandes aborrecimentos. Por vezes, provoca um forte sentimento de perda irreparável, que pode levar à depressão. Para outros, pequenas substituições vão sendo feitas, novas formas de prazer – menos restritas ao sexo genital, mais relacionadas com afetos, toques e carinhos – vão sendo encontradas. Isso vale tanto para o homem como para a mulher.

Velhice

As variáveis físicas não são mais importantes que as emocionais e as sociais para que essa adaptação se processe. Esse é um dos desafios que a vida lança ao velho! De qualquer forma, é errônea a conclusão de que não há erotismo na velhice. A origem desse preconceito deve estar na crença, intimamente ligada a doutrinações religiosas, de que o sexo tem como única finalidade a procriação; atos sexuais fora desse fim não seriam aprovados. O velho e, pior, a velha que se mostrarem interessados em namorar, trocar carinhos e arrulhos com um parceiro, e até mesmo em fazer sexo, são acusados de apresentar falhas morais ou degeneração cognitiva, sendo tachados de pervertidos ou gagás. Aos poucos, esse tabu cultural tem relaxado, em boa parte devido ao crescimento da população idosa e da longevidade.

Entretanto, se houver alguma possibilidade, mesmo que tênue, de que esse(a) velho(a) esteja gastando consigo e com seus prazeres um patrimônio que de outra maneira iria para os herdeiros, a censura de familiares pode se tornar acirrada e se transformar em repressão aguerrida.

VELHINHO FOFINHO

Outra tendência bastante prejudicial em nossa sociedade é a de infantilizar o idoso. O fato de tratá-lo por "vovozinho", "mocinha", "velhinho" e outros apelidos carinhosos pode ocultar sua desvalorização. Entre os tratamentos que infantilizam o velho estão fazer escolhas por ele sem consultá-lo ou não permitir que ele tome decisões referentes à própria vida. O objetivo é protegê-lo e poupá-lo, mas se acaba esmagando a autoestima e o orgulho do idoso. Aparentemente amorosos, na realidade disfarçam hostilidade, egocentrismo, impaciência ou um sentimento de superioridade.

O mesmo acontece em relação à sexualidade. Censura-se quem quer morar sozinho, receber visitas, administrar seu tempo e seu dinheiro, envolver-se em novas atividades, encontrar parceiros para namorar. Não só filhos desaprovam a busca do

Velhice

prazer e da intimidade por parte de seus pais idosos (mesmo porque o idoso independente é mais trabalhoso e oneroso para a família do que aquele que é tratado como um bebê e se comporta como tal) – os próprios velhos se envergonham de manifestações eróticas e se negam a vivenciá-las. A repressão e a ridicularização impedem o ser humano de viver sua sexualidade, e nem o próprio velho se vê livre e competente para isso, embora seja uma dimensão fundamental da existência.

SENSUALIDADE É MAIS QUE SEXO

O toque, a troca de olhares, o emocionar-se e se entregar a sentimentos, trocar ideias, dar risadas em coro com outros, sonhar e desejar, permitir-se pequenos prazeres cotidianos percebidos pelo paladar, pelo tato, pelo olfato, pela visão, pela audição, cantar e dançar – tudo isso são formas de sensualidade e de fazer fluir a energia vital, que se traduz em mais saúde e melhor qualidade de vida emocional e cognitiva. Significa sentir-se vivo.

Dadas as grandes variações entre os indivíduos durante a velhice, não podemos fazer afirmações generalizadas sobre como os idosos vivem sua sexualidade. Se fazem sexo, se gostam de sexo, se têm dificuldade de encontrar parceiros sexuais, se se sentem realizados com vivências de jogos eróticos vários, não centralizados no ato sexual em si, se têm com quem conversar sobre essas coisas – tudo isso depende da cultura em que a pessoa vive, de suas disposições biológicas, de seus valores e de sua história de vida. Há grupos culturais em que a busca e a vivência do prazer, sexual ou advindo de outra fonte, são censuradas e reprimidas, e isso é tão fortemente assumido pela pessoa que se torna uma característica dela. Alguns indivíduos, durante a juventude, não tinham forte impulso sexual natural, e não é na velhice que vão desafiar valores culturais e dar um novo rumo à própria vida se ousadia nunca foi um traço de sua personalidade.

Remetendo mais uma vez à imagem sugerida no Capítulo 2: quem é velho está percorrendo uma paisagem diferente da que atravessou em épocas

Velhice

passadas. As paisagens da estrada da vida mudam e se renovam! É natural que as carências, necessidades e manifestações da sexualidade sofram mudanças, como aliás acontece com as outras funções do corpo, da mente e da personalidade. A certeza de uma nova paisagem pode evitar falsas expectativas e decepções dolorosas.

SUGESTÃO

A sugestão que faço diz respeito a aumentar a erotização do ambiente cotidiano. Vivendo no automático, agindo mecanicamente, apressados, preocupados em seguir regras, deixamos passar despercebidas inúmeras oportunidades simples, que nos permitiriam gozar de inúmeros pequenos prazeres ao longo do dia. Tais situações podem estar muito próximas da sensualidade, do exercício da sexualidade, ou orbitar na sua periferia, mas gerarão completude e alegria. Trata-se da busca do bom humor e da autoestima elevada. Sabemos que adotar essa prática tem reflexos positivos nas habilidades cognitivas e sociais, e sem dúvida na saúde emocional e do corpo. Não estamos considerando grandes prazeres, conquistas arduamente batalhadas, momentos únicos; talvez até pensemos com mais frequência em grandes feitos, desvalorizando fatos simples, triviais, de alcance possível.

Para assegurar que entre mim e o leitor existe um entendimento comum, aí vão exemplos do que entendo por pequenos prazeres – uma lista de ações possíveis, viáveis, que cada um pode ampliar...

O ritual do cafezinho no meio da manhã; um banho de chuveiro bem quente; arrematar o banho com creme hidratante e água de colônia; uma saudação matinal de bom-dia para o grupo de WhatsApp; ler o jornal; atrair o gato para o colo e acariciá-lo; despertar a alegria do cachorro ao pegar a coleira para darem uma volta no quarteirão; pentear alguém de quem se gosta; arrumar a mesa com esmero para tomar as refeições; prestar atenção ao perfume de flores e plantas; entregar-se ao aroma da comida; dedicar-se a sentir o sabor da primeira garfada do almoço; sorrir inesperadamente para

Velhice

um estranho e ganhar de volta um sorriso; mergulhar na leitura de um romance; tocar um instrumento; ouvir música sem fazer mais nada ao mesmo tempo; desenhar; convidar amigos para um lanche da tarde e ter algumas horas de convívio agradável; escolher as roupas pela maciez do tecido – e assim por diante.

Para vivenciar pequenos prazeres no seu cotidiano, proponho ao leitor um roteiro facilitador, composto primeiro de algumas perguntas para guiar a reflexão e, em seguida, de uma tarefa de ação.

Questões para reflexão

- Revendo o que acontece no meu dia a dia, o que me dá prazer? Que tipo de prazer (físico, intelectual, emocional)? Em outras palavras, o que faz meus olhos brilharem? Ou, ainda, o que me faz rir?

- Identifico elementos que poderiam me dar pequenos prazeres, mas passam batido, porque não faço nenhum movimento para incorporá-los ao meu cotidiano?

- Se isso acontece, por que motivo não me dou esses pequenos prazeres?

Tarefa de ação

Anotar ao final de cada dia (ou em outro momento que lhe for conveniente) os pequenos prazeres que você deliberadamente introduziu em sua rotina; ao final de cada semana, fazer uma avaliação do que essa prática vem causando em você.

8. MEMÓRIA

INTRODUÇÃO

Uma das queixas mais ouvidas de pessoas que sentem estar envelhecendo é o esquecimento – que fica mais comum que em fases de vida anteriores; por vezes, pequenos episódios de dificuldade com a memória não incomodam, mas, de forma indireta, despertam o temor de que uma demência senil esteja se instalando.

Essas queixas podem proceder, pois sabemos que um bom desempenho da memória é imprescindível para um envelhecimento com boa qualidade de vida, embora modificações em todas as funções cognitivas sejam um processo natural, que acompanha as muitas modificações do envelhecimento.

Quanto aos temores, em geral se apaziguam quando a pessoa é informada de que o cérebro tem a capacidade de se modificar conforme recebe estimulações do ambiente. Essa qualidade, chamada de neuroplasticidade, ocorre em qualquer faixa etária, sendo útil em casos de lesão e também de declínio. Por meio de programas de treinamento de memória, está provado que déficits em suas habilidades podem ser revertidos ou compensados.

> "Só agora me toquei de que a entrada na 'melhor idade' vem ungida por lembranças emotivas não apenas do que nós vivemos. Também nossos entes mais queridos e até mesmo seus antepassados vão cevando esse nosso caminho rumo à eternidade, uma terna e eterna idade que deixa a cidade impregnada de memórias olfativas, afetivas e epidérmicas. Dá até coceira..."
>
> **Paulo Caruso**
> *Cartunista*

Velhice

Quanto mais a pessoa interage com o ambiente e se socializa, mais seu cérebro se modifica, criando novas ligações entre os neurônios, as chamadas sinapses. Tais programas estimulam não só a memória, mas também a linguagem falada e escrita, o raciocínio, a atenção, a criatividade e outros processos cognitivos, bem como capacidades emocionais e habilidades sociais, uma vez que tudo se interliga no sistema nervoso central e se influencia mutuamente.

Também é tranquilizador saber que existem vários tipos de memória. Com a idade, ocorre uma lentificação da fisiologia, e a memória não escapa disso. Em geral, os idosos têm mais dificuldade que os jovens de lidar com a memória recente, mas não de lidar com a lembrança de fatos remotos, antigos. A rapidez para restabelecer uma lembrança pode demorar mais para o idoso do que para o jovem. Isso não significa que o desempenho do velho seja inferior: é apenas mais lento.

Em relação a alguns tipos de memória, o idoso pode ter um desempenho superior ao do jovem, como na capacidade de se lembrar de fatos passados, na facilidade de fazer associações e analisar acontecimentos em profundidade, no aproveitamento de experiências acumuladas para, diante de uma situação problemática, propor hipóteses explicativas e soluções. As reservas de conhecimento e de experiências ajudam a compensar eventuais falhas, sobretudo a pequena diminuição na velocidade do processamento de informações.

Neste capítulo, tratamos de lapsos comuns de memória. Não abordaremos o esquecimento de informações básicas que fazem parte do cotidiano, como: não se lembrar do caminho que faz toda semana, há anos, para tomar um cafezinho com a comadre; não se reconhecer no espelho; não saber o nome do cônjuge; não reconhecer pessoas, objetos ou lugares muito familiares. Esses são sintomas de distúrbios graves, causados porque a circulação cerebral é insuficiente ou porque os neurônios estão se degenerando. Demandam atendimento médico, sem delongas. É fundamental que o diagnóstico seja muito bem-feito. Por ve-

Velhice

"Considerar a vida um vale de lágrimas no qual submergimos de corpo e alma ao deixar a juventude é torná-la experiência medíocre. Julgar, aos 80 anos, que os melhores foram aqueles dos 15 aos 25 é não levar em conta que a memória é editora autoritária, capaz de suprimir por conta própria as experiências traumáticas e relegar ao esquecimento medos, inseguranças, desilusões afetivas, riscos desnecessários e as burradas que fizemos nessa época. Nada mais ofensivo para o velho do que dizer que ele tem 'cabeça de jovem'. É considerá-lo mais inadequado do que o rapaz de 20 anos que se comporta como criança de 10. Ainda que maldigamos o envelhecimento, é ele que nos traz a aceitação das ambiguidades, das diferenças, do contraditório e abre espaço para uma diversidade de experiências com as quais nem sonhávamos anteriormente."

Drauzio Varella
Médico e escritor

zes, o processo patológico da demência pode ser retardado significativamente (embora não haja cura) com medicamentos e exercícios de reabilitação cognitiva.

COMO A MEMÓRIA FUNCIONA

A memória é uma função cognitiva muito complicada. Sua base fisiológica fica no sistema nervoso central, mas em áreas diversas que se relacionam, e não concentrada numa única região do cérebro; cada um dos tipos de memória é preferencial numa área, embora todas interajam, compondo um processo dinâmico bastante intrincado – uma lindíssima sinfonia!

O estudo de como se processam as funções psicológicas na estrutura nervosa é relativamente recente. Um dos primeiros neuropsicólogos a estudar o assunto foi o canadense Donald O. Hebb, da McGill University, cujas investigações pioneiras sobre aprendizagem perceptual se fizeram conhecidas do meio acadêmico por volta da década de 1960. De lá para cá, neuropsicólogos, gerontólogos e geriatras vêm desbravando esse campo, aproveitando-se do enorme progresso tecnológico recente, que permite pesquisas requintadas, antes inimagináveis.

Por meio dos nervos, que funcionam como receptores proprioceptivos, recebemos o tempo todo informações provenientes do ambiente à nossa volta. Como todas as informações sensoriais e perceptivas, elas vão, na forma de impulso elétrico, para o córtex frontal, onde são armazenadas por curto tempo. (Córtex é a camada mais externa do cérebro, aquela que a olho nu é cheia de rugas e sulcos. Nele se processam as funções neurais e psíquicas mais complexas e são guardadas as informações. Uma lesão no córtex temporal pode provocar amnésia, por exemplo.) As informações que acabaram de ser recebidas são comparadas com outras que o cérebro já armazenou no passado, no sistema límbico (parte interior do cérebro, abaixo do córtex), e reconhecidas – ou não. O sistema límbico abriga informações por mais tempo que o córtex frontal. Em seguida, estas são enviadas para o córtex dos hemisférios esquerdo e direito, sobretudo para o lobo frontal, que registra informações por mais longo prazo.

O hemisfério esquerdo tem mais responsabilidade no raciocínio, enquanto o direito atua sobretudo na intuição e na sensibilidade – daí serem identificados, respectivamente, como o lado das funções mais masculinas (esquerdo) e das mais femininas (direito), com base em crença popular bastante difundida que relaciona gênero com funções cerebrais.

Quando nossos sentidos recebem uma informação do ambiente externo, captamos não só tal informação como outros estímulos associados a ela, bem como nossos sentimentos e emoções daquele momento. Suponha que no primeiro dia de aula seu professor, desconhecido, acaba de entrar na sala. Você vai memorizar detalhes da aparência física dele, como altura, cor de pele, tipo de cabelo, cor dos olhos, som da voz, tipo de roupa, o nome dele; e também os sentimentos que provocou em você: antipatia, proximidade, respeito, prazer e assim por diante. A captação das informações depende de quanto sua atenção estava voltada para essa tarefa, se você estava ansioso ou calmo em relação ao novo professor, se você tinha expectativas altas, nulas ou negativas sobre ele etc. Quando, no futuro, você quiser se lembrar desse professor, terá mais sucesso se evocar os sentimentos presentes no momento em que o conheceu, e/ou detalhes do que captou dele. A tarefa tornar-se-á ainda mais fácil se você fizer pontes associativas entre o nome do professor e uma característica dele. Exemplifico: para guardar o nome do meu encanador, Breno, associo com dreno, que serve para escoar água, algo da profissão dele. É mais fácil buscar uma lembrança primeiro no hemisfério direito e depois associá-la com o que está armazenado no esquerdo do que ir diretamente para o esquerdo. É mais fácil eu lembrar que a moça que cuida caprichosa e pacientemente do meu cabelo é uma santa, portanto o nome dela é Sandra, do que tentar recordar o nome dela diretamente.

O conhecimento é construído dessa maneira, ou seja, os novos estímulos são reconhecidos e interpretados na base de associação com informações previamente armazenadas, sendo então eles próprios armazenados em longo prazo. Assim, é muito mais fácil memorizar algo novo se conseguirmos fazer uma ponte com algo que já sabemos.

As células do sistema nervoso, chamadas de neurônios, se comunicam por meio de impulsos elétricos que passam de um para outro com a ajuda de substâncias químicas denominadas neurotransmissores (acetilcolina, dopamina, serotonina, noradrenalina) e pela endorfina, vencendo os espaços sinópticos (os neurônios não se tocam e o espaço entre eles é denominado sinapse). A falta ou o excesso de qualquer uma dessas substâncias provoca distúrbios, sendo a depressão um exemplo.

É durante o *sono* que o cérebro faz a seleção das informações captadas enquanto acordado, discriminando aquelas a ser fixadas das que serão descartadas; o sono é um regulador da saúde física e mental, daí sua influência sobre a memória.

Há também relação entre memória e *alimentação*. Uma alimentação programada para combater radicais livres está a favor da memória, uma vez que os alvos principais deles são os neurônios. A digestão difícil, advinda de uma alimentação pesada, prejudica a capacidade de atenção e, em consequência, de memorização.

Da mesma forma, o excesso de *bebidas alcoólicas* afeta o sistema nervoso central e, claro, a memória. Isso sem falar nas outras drogas, legais ou ilegais.

O mesmo pode ser dito sobre a prática regular de *atividade física*: melhorando o funcionamento geral do corpo pela prática sistemática de exercícios, a memória se aprimora, mesmo que não tenha sido atacada diretamente.

Quando um mesmo impulso é recebido repetidas vezes pelo cérebro, cria-se um caminho de comunicação entre os neurônios, algo como uma trilha formada por ter sido muitas vezes percorrida na mata. Essa imagem ajuda-nos a compreender a aprendizagem e a memória: uma trilha no sistema nervoso, formada por travessias recorrentes. Percebemos, assim, a importância da repetição para o processo de memorização. Sabemos também que novas trilhas sempre podem ser formadas, bem como que é possível apagar trilhas antigas – em outras palavras, novas aprendizagens podem ser agregadas, e o que foi aprendido pode ser desaprendido.

Quando o bebê nasce, seus neurônios já estão formados. Por muito tempo se acreditou que os neurônios não se multiplicavam ao longo da vida, mas hoje pesquisas questionam essa afirmação – ótima notícia, pois agora se sabe que neurônios lesados podem ser substituídos. Outra boa notícia demos no início deste capítulo e se refere à plasticidade: a possibilidade de uma área do cérebro assumir funções que originariamente eram de outra área, agora prejudicada.

INTER-RELACIONAMENTOS

A memória depende da saúde mental, a qual sofre influência de fatores biológicos, psicológicos e sociais, bem como da saúde física. Está relacionada

Velhice

com as emoções, o nível de escolaridade, o autoconceito e a autoestima, que determinam as expectativas de desempenho, a motivação, as metas, a alimentação, o sono etc. A memória é muito sensível a emoções e sentimentos. Quando estamos tensos ou estressados, se precisarmos memorizar informações, faremos uma seleção automática, descartando todas as que não forem prioridade no momento e memorizando apenas as que considerarmos mais importantes. A intensidade com que uma informação será armazenada depende de quanta atenção damos a ela e de quanto a valorizamos. Quando sob ameaça, podemos esquecer algo até trivial – por exemplo, a senha do cartão bancário durante um assalto. Sabemos também que, sob tensão, derivada de uma motivação altíssima, podemos de imediato relembrar coisas que nós mesmos não sabíamos que tínhamos memorizado. Tempos atrás, estando em Nova York com meu cunhado que lá morava, solicitava a todo momento o serviço dele como intérprete: a compreensão e sobretudo a emissão do meu inglês estavam péssimos. Até que em certo momento achei que tinha esquecido meu passaporte numa loja; preocupadíssima, corri tanto pela rua que cheguei à loja antes dele e, num inglês escorreito, expliquei toda a situação à balconista, quase sem respirar nem hesitar. Recuperei meu passaporte, mas os serviços de intérprete, nunca mais...

Muitas vezes, organizamos nossa vida, nosso emocional, nosso estado mental e a memória, que considerávamos ruim, se recupera sem nenhum esforço dirigido especificamente a ela.

Um ambiente desorganizado, do qual o cérebro precise captar muitas informações, enquadradas em categorias diversas, referentes a assuntos variados, não nos ajuda a memorizar tais informações. Para o velho, que lida com um declínio na precisão dos cinco sentidos e com uma natural diminuição no ritmo fisiológico, um ambiente desorganizado é deveras complicado.

As informações memorizadas ocupam espaço no cérebro. Em exagero, comprometem ou-

Velhice

tras funções cerebrais cognitivas, como o raciocínio. Assim, deve-se aliviar o trabalho do cérebro a fim de deixá-lo livre para outras funções. Isso acontece de duas formas.

Acontece quando, em vez de nos esforçarmos para guardar de cabeça os compromissos da semana, os aniversários da família, a lista do supermercado, nós os anotamos numa agenda e nos permitimos relaxar. Por vezes, o simples fato de estarmos relaxados nos permite memorizar, espontaneamente, sem fazer esforço, aquilo que anotamos.

Acontece também quando nos esquecemos. Esquecer informações, o que com frequência nos faz sentir mal, culpados, deficientes, pode trazer grandes benefícios. Informações obsoletas armazenadas não servem para outra coisa além de ocupar espaço. Precisamos deixar ir os dados que não nos são mais úteis; quando enfrentamos uma alternativa e temos de tomar uma decisão, ficamos com um dos caminhos, e não há por que conservar as informações relativas ao caminho que deixamos de lado. Aprender a esquecer pode ser muito eficaz para liberar o cérebro para pensar, por exemplo.

O leitor atento – e com boa memória! – perceberá a referência ao conceito das novas paisagens que se apresentam na estrada da vida, desenvolvido no Capítulo 2. O mesmo princípio – não ficar agarrado a coisas que já serviram mas não servem agora - que valia para novas situações de vida vale também para o processo de armazenar dados na memória.

Há informações que captamos e armazenamos sem nos darmos conta disso, e as que captamos e pensamos que esquecemos, mas permanecem guardadas. As primeiras em geral se referem a temas que aprendemos mas não "devem" fazer parte do nosso universo, não se coadunam com nossa autoimagem de pessoa bem-educada, socializada. As segundas estão ligadas a assuntos com os quais não estamos emocionalmente preparados para lidar. Ficam no subconsciente, e virão à consciência quando não forem ameaçadoras à nossa integridade emocional, o que ocorre em sonhos, em psicoterapia ou em ocasiões aleatórias.

Velhice

Por meio dos pontos fortes da nossa memória e de suas falhas, podemos nos conhecer melhor, saber como estamos encarando a vida, a que tipo de informação damos prioridade. Uma reflexão sobre o que andamos esquecendo e o que memorizamos com facilidade nos dá essa oportunidade. Trata-se de uma chance de se conhecer melhor e, portanto, de crescer interiormente. É imprudente desperdiçá-la, conformando-se com a afirmação de que perder a memória faz parte do envelhecimento e ponto-final.

DIFERENÇAS INDIVIDUAIS

Outro fator complicador do já complicado processo cognitivo da memória é aquele que mencionamos com insistência neste livro: a grande variação das diferenças individuais no estrato etário dos velhos. A idade cronológica, contada em anos, tem pouco a dizer. A memória é influenciada pelas experiências acumuladas de cada um, sejam biológicas, psicológicas ou sociais, bem como por quanto cada um fez uso da memória ao longo da vida. Há quem tenha facilidade para memorizar números; outros, nomes; outros ainda, fisionomias. Alguns registram estímulos olfativos; outros, auditivos; outros, visuais. Tais facilidades ou dificuldades não são melhores nem piores: são apenas características diversas das pessoas. É bom sabermos como somos, para aproveitarmos nossas facilidades e nos dedicarmos mais aos processos que nos são mais difíceis.

SUGESTÕES

Tendo compreendido que a memória é uma função que se relaciona de perto com outras funções psíquicas e físicas, sendo influenciada por condições ambientais, minha primeira sugestão é que o leitor, em vez de se apavorar porque acha que está perdendo a memória – portanto, entrando numa demência cerebral irreversível –, *pesquise* se o entrave está mesmo na memória ou em outra área. Pode, por exemplo, ser um entrave emocional.

Velhice

Sugiro também que procure não sobrecarregar seu sistema de memória com informações que podem ser armazenadas de outra forma, deixando-o livre para dados que realmente importem. Para isso, duas providências podem ser tomadas, ambas referentes a condições ambientais: organização e bengalas mnemônicas.

Uma providência é procurar *ser organizado*: você não precisa a cada dia tentar lembrar onde colocou as chaves, os óculos, e assim por diante se colocá-los sempre no mesmo lugar – sem admitir para si mesmo exceções.

Outra boa providência é fazer uso do que gosto de chamar de *bengalas mnemônicas*: aniversários que se repetem todos os anos, visitas regulares a médicos e dentistas, remédios a ser tomados uma vez por mês ou uma vez por ano, vacinas, as contas a ser pagas a cada mês, as muitas senhas que somos obrigados a criar para usar o banco e o computador... Esse tipo de informação, se anotada numa agenda, num calendário ou no celular (se você for hábil no manejo dele), permite que você relaxe. Crie o hábito de consultar habitualmente essa agenda ou calendário – colocando-o perto do jornal diário, do computador que você liga todos os dias ou no cantinho onde guarda as chaves. Use a criatividade para criar o hábito de fazer essa consulta diária, ou quem sabe semanal.

A memória precisa ser *exercitada ativamente*: palavras-cruzadas, jogos diversos e brincadeiras em grupo são ótimas ferramentas para mantê-la funcionando – no caso, usando registros de informações mais interessantes do que as que podem ser armazenadas nas bengalas mnemônicas. (O leitor deve estar observando que bato na mesma tecla tantas vezes repetida neste livro: para ter boa qualidade de vida, é preciso ser ativo, procurar as soluções... mesmo durante a velhice!)

Além de não se apavorar, organizar seu ambiente, lançar mão de bengalas mnemônicas e procurar atividades, individuais ou em grupo, que estimulem a busca de informações memorizadas, faço mais duas sugestões relacionadas com a memória, dirigidas a quem estiver interessado em

Velhice

crescer interiormente, em superar dificuldades do passado e em alcançar harmonia consigo mesmo: reveja sua *história de vida*, ressignifique sua autobiografia. Você pode se dedicar a essa atividade por conta própria; porém, sua forma mais enriquecedora é aquela feita em pequenos grupos, com a orientação de um psicólogo treinado para tanto. Retornar aos registros de memória do passado e organizá-los à luz da sabedoria atual costuma ser extremamente marcante; dependendo da situação de cada um, se esse retorno for registrado de alguma forma, pode ser também um excelente meio de deixar aos descendentes um testemunho de sua trajetória no mundo.

Uma última sugestão está ligada ao fato de que não é só no sistema nervoso central que ficam armazenadas as memórias das experiências passadas. Os músculos também têm essa tarefa. De alguma forma, eles memorizam emoções. Por meio de massagens, posturas e exercícios, podemos reviver registros emocionais dos quais não tínhamos consciência – e esse é o primeiro passo para superá-

-los se nos forem prejudiciais. Portanto, ao fazer um *trabalho com o corpo*, interferindo nos músculos, você estará lidando com suas memórias emocionais, conscientizando-se delas, dando-lhes novo significado e – espera-se – livrando-se de entraves emocionais dos quais em nível consciente você nem sequer suspeitava.

9. FECHAMENTO

Sinto que é o momento de encerrar este livro. Espero que até aqui o leitor tenha reagido ao meu texto e "dialogado" comigo; meu objetivo ao colocar esta obra em suas mãos foi provocar reflexões, sugerir medidas possíveis e, acima de tudo: aclarar o conceito de velho e de velhice; separar conceito de preconceitos; distinguir crenças, tabus e informações derivadas do senso comum da informação advinda da pesquisa científica.

Caberia abordar ainda outros temas, todos fascinantes, como espiritualidade, aprendizagem, educação continuada, função política, função social, lazer, opções de moradia, preparação para a aposentadoria, violência, prevenção de acidentes etc., mas isso levaria a uma elaboração sem fim deste livro. Foi preciso fazer escolhas. Quem sabe num próximo...

Apesar das dificuldades (que encontramos também em outras fases da vida), há velhos que, embora não as neguem, não as valorizam. Em vez de enfocar as limitações e as dores no corpo e na alma, preferem se ocupar de elementos que lhes

> "A velhice é uma fase da vida interessante, mais leve que a da maturidade, que pode ser quase tão divertida quanto a adolescência e os anos da mocidade: as responsabilidades diminuem e a liberdade volta a crescer, posto que, em geral, os filhos se tornaram independentes e os pais já faleceram. Não sei se a velhice é a melhor idade, mas não acho que deva ser vista como a pior. Cada fase tem seu charme e seus desconfortos. Cabe a cada um fazer o melhor uso daquela que está vivenciando."
>
> **Flávio Gikovate**
> *Psiquiatra, psicoterapeuta, palestrante e escritor*

Velhice

> "Velhice. A primeira emoção é de ternura. Lembro meus pais, carinhosos, calmos, desfrutando da serenidade que conquistaram depois de anos de lutas e sacrifícios. Valeu a pena, sinto que é muito bom chegar à velhice sabendo que cada dissabor, cada frustração, toda a ansiedade ficaram para trás, dando lugar a uma serenidade que não significa uma vida estática, sem emoções. Ao contrário, o tempo que ainda falta vai continuar sendo pleno de realizações, lutas, dissabores e frustrações, que serão vividos com mais sabedoria, calma e prazer."
>
> **Silvio de Abreu**
> *Autor e supervisor de novelas da TV Globo*

trazem benefícios e despertam. Em resumo, melhor qualidade de vida.

Em dezembro de 2015, li um artigo no *The New York Times* que me chamou a atenção.[2] Trata-se do relato de uma pesquisa feita ao longo daquele ano por uma fotógrafa e um repórter, visitando sistematicamente seis nova-iorquinos com mais de 85

---

2. Disponível em: <http://www.nytimes.com/2015/12/27/nyregion/the-wisdom-of-the-aged.html?_r=0>. Acesso em: 13 out. 2016.

anos; esses cidadãos falaram sobre morte e perda, mas ocuparam muito mais tempo com os temas de amor, conexão, realização e significado. Tinham reduzido suas atividades ao alcance de suas habilidades, mas faziam o que lhes dava satisfação. Não gastavam tempo com raiva, estresse e preocupação. Aceitavam a presença da tristeza na vida, mas também da felicidade, e valorizavam o bem-estar.

Esses seis nova-iorquinos confirmaram o que eu gostaria de ressaltar para os leitores. Em vez de transmitirem uma imagem de desprotegidos, dependente, ranzinzas, revoltados, vivem de forma independente (até o limite em que as circunstâncias o permitem), valorizam o que a vida lhes trouxe e ainda traz de positivo (sem esquecer que enfrentaram momentos duros), buscam satisfação

> "Velhice. Que emoções isso desperta em mim? A vontade de ser ainda mais livre para aproveitar o tempo que ainda tenho."
>
> **Regina Braga**
> *Atriz*

Velhice

no momento, no que lhes está disponível – enfim, sabem ser leves e seduzir os seus próximos. Não desperdiçam tempo nem energia enfocando suas deficiências: preferem dedicar-se a suas habilidades. Entendem a importância de cultivar relacionamentos humanos para ter uma vida plena, desempenhando as tarefas psicossociais próprias da sua faixa etária. Encontram a resposta para a pergunta proposta por Viktor Frankl: não *o que eu quero da vida*, questão cuja resposta é relativamente fácil, mas *o que é que a vida quer de mim*, qual é o meu significado para o mundo. Convido o meu leitor a fazer parte dessa turma!

> "Envelhecer é aceitar as limitações e se abrir para novas possibilidades, entre elas a de dizer não sem culpa. E, acima de tudo, agradecer a Deus e à vida, que foram generosos conosco – afinal, envelhecer ainda é a melhor opção."
>
> **Maria Adelaide Amaral**
> *Dramaturga e autora de diversas obras para teatro e TV*

REFERÊNCIAS

Há mais de 20 anos venho lendo, ouvindo, pesquisando, refletindo e conversando sobre o envelhecimento. Portanto, citar as obras que me inspiraram e serviram de referência para este livro é impossível. Porém, pensando no leitor que eventualmente queira refazer o caminho que percorri, cito os principais textos que me abasteceram a cada tema, confiando que minha memória me tenha ajudado.

Capítulos 1 e 2
McDonald, F. J. *Educational psychology*. 2. ed. Belmont: Wadsworth, 1966, Capítulo 3, figura 3-1 ("Symbolic model of the learner").
Neri, A. L. *Envelhecer num país de jovens: significados de velho e velhice segundo brasileiros não idosos*. Campinas: Ed. da Unicamp, 1991.

Capítulo 3

BEE, H. O ciclo vital. Porto Alegre: Artes Médicas, 1997.

BIRREN, J. E.; SCHROOTS, J. J. F. "History, concepts and theory in the psychology of aging". In: SCHAIE, K. W.; WILLIS, S. L. (orgs). Handbook of the psychology of aging. 4. ed. San Diego: Academic Press, 1977, Capítulo 1.

ERIKSON, E. H. O ciclo de vida completo. Porto Alegre: Artes Médicas, 1998.

KLEIN, D. M. Travels with Epicurus: a journey to a Greek island in search of a fulfilled life. Nova York: Penguin, 2012.

NERI, A. L. (org.). Psicologia do envelhecimento: temas selecionados na perspectiva do curso de vida. Campinas: Papirus, 1995. (Coleção Viva Idade)

Capítulos 4 e 5

ABREU, M. C. de. Depressão e maturidade. Brasília: Plano, 2003.

BÍSCARO, W. Maturidade e poder pessoal – Caminhos do autodesenvolvimento. São Paulo: Brasiliense, 1994, p. 111.

BROMBERG, M. H. P. F. A psicoterapia em situações de perdas e luto. Campinas: Psy II, 1994.

CASSORLA, R. M. S. (coord.). Da morte – Estudos brasileiros. Campinas: Papirus, 1991.

ERIKSON, E. H. O ciclo de vida completo. Porto Alegre: Artes Médicas, 1998.

FREITAS, N. K. Luto materno e psicoterapia breve. São Paulo: Summus, 2000.

GIKOVATE, F. Mudar. São Paulo: MG, 2015.

GOLEMAN, D. Uma força para o bem. Rio de Janeiro: Objetiva, 2016.

Velhice

KÜBLER-ROSS, E. O túnel e a luz. Campinas: Verus, 2003.
_____. Viver até que haja adeus. São Paulo: Pensamento, 2005.
_____. Sobre a morte e o morrer. 9. ed. São Paulo: WMF Martins Fontes, 2008.
KLEIN, A. The healing power of humor. Nova York: Tarcher/Putnam, 1989.
OLIVEIRA, C. C. "Qualidade de vida no sofrimento". Folha de S.Paulo, 15 mar. 2001, p. 19. (Caderno Equilíbrio)
SHEEHY, G. Pathfinders. Nova York: Bantam, 1981, p. 112.
TORRES, W. C.; GUEDES, W. G.; GUEDES, R. C. (coords.). A psicologia e a morte. Rio de Janeiro: Fundação Getúlio Vargas, Instituto de Documentação, 1983.
VERONESI, U. Il diritto di non soffrire - Cure palliative, testamento biologico, eutanasia. Milão: Mondadori, 2011.
VIORST, J. Perdas necessárias. São Paulo: Melhoramentos, 1988.
WALSH, F. "Loss". Psychology Today, jul.-ago. 1992, p. 64 e ss.

Capítulos 6 e 7
ARCURI, I.; OLIVEIRA, P. P. de.; RAMOS, V. "Momentos do corpo: corpo movimento/corpo emoção/corpo doença". Revista Kairós Gerontologia, São Paulo, v. 7, n. 1, jun. 2004, p. 139-49.
BERTHERAT, T.; BERNSTEIN, C. O corpo tem suas razões – Antiginástica e consciência de si. São Paulo: Martins Fontes, 2008.
BOTTON, A. de. As consolações da filosofia. Rio de Janeiro: Rocco; Porto Alegre: L&PM, 2013.
CRAIG, M. A ginástica facial de Miss Craig. Rio de Janeiro: Artenova, 1981.

FAVRE, R. "A importância do corpo na terceira idade". *Terceira Idade*, Sesc São Paulo, ano VIII, n. 11, mar. 1996, p. 45-49.

FRAIMAN, A. P. *Coisas da idade*. 2. ed. São Paulo: Hermes, 1991.

GAIARSA, J. A. *Como enfrentar a velhice*. 3. ed. São Paulo: Ícone; Campinas: Ed. da Unicamp, 1986.

GOLDFARB, D. C. *Corpo, tempo e envelhecimento*. São Paulo: Casa do Psicólogo, 1998.

JACOB FILHO, W. "Aspectos anatomofisiológicos do envelhecimento". *A Terceira Idade*, Sesc, São Paulo, ano VI, n. 10, jul. 1995.

LOWEN, A. *O corpo em depressão – As bases biológicas da fé e da realidade*. 9. ed. São Paulo: Summus, 1983.

LOWEN, A.; LOWEN, L. *Exercícios de bioenergética – O caminho para uma saúde vibrante*. 8. ed. São Paulo: Ágora, 1985.

MAGGIO, C. *Facersise*. Nova York: Perigee, 2002.

MELO, C. F.; SIMÕES, A.; BRANT, L. C. "O envelhe-cer na cena contemporânea". *Mais60: Estudos sobre Envelhecimento*, Sesc São Paulo, v. 25, n. 60, jul. 2014, p. 58-71.

NOGUEIRA, S. P. "Sexualidade da mulher na maturidade". *A Terceira Idade*, Sesc São Paulo, ano VII, n. 11, mar. 1996, p. 15-21.

PRIORI, M. D.; AMANTINO, M. (orgs.). *História do corpo no Brasil*. São Paulo: Ed. da Unesp, 2011.

VASCONCELOS, N. A. de. "Comportamentos sexuais alternativos do jovem e do velho". *A Terceira Idade*. Sesc São Paulo, ano V, n. 8, jun. 1994, p. 46-50.

VITTA, A. de. "Atividade física e bem-estar na velhice". In: NERI, A. L.; FREITAS, S. A. F. (orgs.). *E por falar em boa velhice*. 2. ed. Campinas: Papirus, 2000, Capítulo 5.

Capítulo 8

BRANDÃO, V. M. A. T. *Labirintos da memória: quem sou?* São Paulo: Paulus, 2008.

LAROUSSE DA TERCEIRA IDADE. São Paulo: Larousse, 2003.

LOWEN, A. *O corpo em depressão – As bases biológicas da fé e da realidade.* 9. ed. São Paulo: Summus, 1983.

LOWEN, A.; LOWEN, L. *Exercícios de bioenergética – O caminho para uma saúde vibrante.* 8. ed. São Paulo: Ágora, 1985.

MALLOY-DINIZ, L. F.; FUENTES, D.; CONSENZA, R. M. (orgs.). *Neuropsicologia do envelhecimento: uma abordagem multidimensional.* Porto Alegre: Artmed, 2013.

SÉ, E. V. G.; LASCA, V. *Exercite sua mente: guia prático para aprimoramento da memória, linguagem e raciocínio.* São Paulo: Prestígio, 2005.

Capítulo 9

ABREU, M. C. de (org.). *Viver com saúde.* Brasília: Liber Livro, 2005a. (Série Encantos da Maturidade, v. 1)

_____. *Viver plenamente.* Brasília: Liber Livro, 2005b. (Série Encantos da Maturidade, v. 2)

_____. *Viver produtivamente.* Brasília: Liber Livro, 2005c. (Série Encantos da Maturidade, v. 3)

CORTELLA, M. S.; RIOS, T. A. *Vivemos mais! Vivemos bem? Por uma vida plena.* Campinas: Papirus, 2013. (Coleção Papirus Debates)

FRANKL, V. E. *Em busca de sentido.* 37. ed. Petrópolis: Vozes, 2015.

GIKOVATE, F. *Ensaios sobre o amor e a solidão.* 11. ed. São Paulo: MG, 2005a.

_____. *O mal, o bem e mais além – Egoístas, generosos e justos*. 14. ed. São Paulo: MG, 2005b.

_____. *A liberdade possível*. 4. ed. São Paulo: MG, 2006.

_____. *Dá pra ser feliz... Apesar do medo*. São Paulo: MG, 2007.

_____. *Uma história do amor... Com final feliz*. 11. ed. São Paulo: MG, 2008.

_____. *Nós, os humanos*. 5. ed. São Paulo: MG, 2009a.

_____. *Uma nova visão do amor*. 7. ed. São Paulo: MG, 2009b.

_____. *Sexo*. 4. ed. São Paulo: MG, 2010.

_____. *Sexualidade sem fronteiras*. 2. ed. São Paulo: MG, 2013.

_____. *Mudar – Caminhos para a transformação verdadeira*. 18. ed. São Paulo: MG, 2014.

_____. *Gikovate além do divã – Autobiografia*. 3. ed. São Paulo: MG, 2015.

_____. *Para ser feliz no amor – Os vínculos afetivos hoje*. São Paulo: MG, 2016.

NERI, A. L. (org.). *Qualidade de vida e idade madura*. Campinas: Papirus, 1993.

NERI, A. L.; FREIRE, S. A. (orgs.). *E por falar em boa velhice*. 2. ed. Campinas: Papirus, 2000.

AGRADECIMENTOS

Este livro não teria surgido sem o incentivo de amigos e parceiros, aos quais sou muito grata.

Agradeço às personalidades formadoras de opinião que aceitaram dar depoimentos para o blogue e a página do Ideac no Facebook, depoimentos esses que foram incorporados a este livro.

Sou grata aos professores dos diversos cursos, palestras, oficinas e vivências do Ideac, bem como às pessoas que deles participaram, pois foram importante fonte de questionamentos e de informações.

Agradeço sinceramente aos participantes do Grupo de Profissionais para Estudos e Reflexões sobre o Envelhecimento do Ideac – jocosamente autodenominado "Pantufas de Ouro" –, que estimularam meu pensamento, abrindo-me horizontes e legitimando a importância de pesquisar o tema. Foi uma dessas participantes, a jornalista Ivani Cardoso, quem insistiu comigo para levar adiante o projeto deste livro e fez uma ponte com a casa editora.

Agradeço a alguns amigos generosos que leram o original deste texto e fizeram preciosas observações antes de ele ir para o prelo; em especial, a Silvio, meu parceiro há mais de 40 anos, que tem atravessado comigo as muitas paisagens que as estradas das nossas vidas, entrelaçadas, têm percorrido.

www.gruposummus.com.br

IMPRESSO NA
sumago gráfica editorial ltda
rua itauna, 789   vila maria
02111-031   são paulo   sp
tel e fax 11 **2955 5636**
sumago@sumago.com.br